LE DROIT ANGLAIS SIMPLE DES CONTRATS

Une brève introduction au droit anglais des contrats

le Professeur Mark Watson-Gandy

Allègrement illustré
par
M. Gordon Collett

ISBN 978-1-8380252-1-2
British Library Cataloguing in Publication Data

Un enregistrement au catalogue de cet ouvrage est disponible auprès de la British Library.

Première édition 2020 publiée par le Professeur Mark Watson-Gandy
3 Stone Buildings
Lincoln's Inn
London WC2A 3XL

Composée par Charlotte Mouncey
Imprimé par KDP

TABLE DES MATIÈRES

Préface

Le droit anglais des contrats exerce une puissante fascination sur l'esprit des juristes des pays de droit civil. Au plan académique, notamment dans la discipline du droit comparé, il produit l'effet d'un miroir (une sorte de «*mirror image rule*») mettant en exergue les beautés, les ressemblances et les défauts de chacun des deux systèmes juridiques. Au plan pratique, lorsqu'il s'agit d'aborder la technique contractuelle et de rédiger des contrats internationaux, la connaissance du droit anglais des contrats s'avère essentielle car, en l'absence de concepts codifiés à la manière du Code civil, il faut définir précisément les termes du contrat, en ayant à l'esprit la jurisprudence. De ce premier point de vue, l'ouvrage que nous donne le Pr. Mark Watson Gandy, *Barrister à Inner Temple*, est déjà irremplaçable.

Mais dans un système où le droit vivant s'exprime dans les *Opinions* des *Justices* rédigées avec un humour parfois ciselé et publiées par les *Law Reports*, il est primordial de *représenter* et *de donner à voir* les grands arrêts du droit anglais comme on dit en France pour désigner *les landmark* cases. Et c'est tout le génie de cet ouvrage de condenser la jurisprudence sous la plume précise de l'auteur et par le dessin élégant de M. Gordon Collett. Plusieurs raisons laissent augurer que le *Droit anglais simple des contrats* connaîtra un beau succès sur le Continent, car il existe plus d'un point de rencontre entre les amoureux du droit civil et les amoureux du *Common Law*.

D'abord, contrairement à une idée reçue, les Britanniques et les Français partagent depuis bien longtemps [1] l'amour de la langue française. Le Professeur Mark Watson Gandy l'illustre avec brio, lui qui manie la langue de Molière avec élégance et clarté. Avec quelques précautions, le droit anglais des contrats peut être exposé en français, comme le droit français des contrats peut l'être en anglais.

Ensuite, depuis les travaux du Doyen François Gény, en particulier *Méthodes d'interprétation et sources du droit privé positif*, paru en 1899 et traduit par le *Louisiana State Law Institute* dans la langue de Shakespeare [2], les systèmes civilistes ont réservé à la jurisprudence la place qui lui revient, abandonnant le monothéisme de la loi. La recodification du droit français des contrats dans le Code civil, intervenue en 2016 sous des apparences révolutionnaires, reflète en réalité un sens de la continuité historique avec le XXème siècle que les Britanniques ne renieraient pas. Les civilistes français nourrissent désormais un intérêt constant pour la jurisprudence.

Enfin et surtout, «*Dans une civilisation de l'image, devenue le complément nécessaire de notre pensée et de notre culture*»[3], l'ouvrage du Professeur Mark Watson-Gandy, illustré par Gordon Collet, répond en quelque sorte à l'initiative civiliste de Malaurie et du dessinateur nancéien Delestre. Que l'on ne s'y trompe pas, ces deux ouvrages sont pourtant éloignés de la

---

1   F. Chevillet, *Histoire de la langue anglaise*, Presses universitaire de France, 1994, p. 25, citant R. de Gloucester en 1298: « *A moins de connaître le français, on n'est guère considéré ; mais les petites gens s'en tiennent toujours à l'anglais et à leur propre langue*

2   J. Mayda, *François Gény and modern jurisprudence*, Louisiana State University Press, 1987

3   Ph. Malaurie, Ph. Delestre, *Droit civil illustré*, Lextenso Editions, Paris, 2011

littérature jeunesse, même si l'humour et le dessin éveillent parfois un sourire tantôt bienveillant, tantôt un peu moqueur. Car ni le droit anglais, ni le droit français ne tolèrent l'approximation.

Le droit anglais simple des contrats constitue donc à la fois une belle invitation aux voyages immobiles que procure le droit comparé et une introduction à la nécessaire lecture des *Law Reports*.

Professeur Olivier Cachard
Doyen honoraire de la Faculté de droit
Institut François Gény, Université de Lorraine
Avocat à la Cour

Chapitre 1
Pourquoi le droit anglais des contrats?

Dès le moment où les hommes ont échangé une peau de mammouth contre une nouvelle lance, ils ont conclu des contrats. Ce bien avant la construction du mur d'Hadrien!

Au fil du temps, les contrats sont devenus de plus en plus compliqués. Nous avons besoin de règles pour déterminer si un contrat est valable. Nous avons besoin d'avocats compétents pour formuler les termes de nos contrats par écrit, puis nous expliquer ce que les termes de ces contrats signifient. Nous avons besoin de tribunaux pour résoudre nos litiges.

De nos jours, on choisit d'interpréter la plupart des contrats internationaux en vertu de la loi anglaise. Cela tient à ce que les tribunaux anglais ont la réputation de traiter rapidement les affaires et que leurs juges sont traditionnellement triés sur le volet parmi les *Barristers* les plus compétents et les plus expérimentés. De nombreuses affaires, pourtant rattachées à des États étrangers sont à présent portées devant les tribunaux anglais par l'effet de clauses d'élection de for.

Mais c'est également en raison du fait que le droit anglais des contrats est simple, pratique et direct. Les termes contractuels liant les parties sont ceux qu'elles ont stipulés au contrat.

Pour comprendre la signification de leur contrat, elles doivent d'abord se référer à la lettre du contrat avant de chercher des explications dans la loi ou la jurisprudence. En d'autres termes et sous réserve de l'ordre public, les parties sont, schématiquement parlant, libre d'accepter ce qu'elles veulent. En conséquence, le droit anglais des contrats a tendance à énoncer les droits et les obligations des parties de manière beaucoup plus détaillée.

Les contrats relevant du droit anglais ont l'avantage de fournir une grande certitude et une grande clarté aux parties. Les termes liant les cocontractants sont choisis par les parties elles-mêmes lorsqu'elles négocient leur marché plutôt que par un juge qui déciderait ultérieurement ce qui aurait été raisonnable, à son avis.

Contrairement à de nombreux pays, le droit anglais des contrats ne s'appuie pas sur une législation écrite qu'il s'agisse d'un Code civil ou d'un *Restatement of contracts*. Au lieu de cela, le droit anglais des contrats a évolué au fil des siècles. Alors que quelques éléments de ce droit proviennent des lois adoptées au Parlement, la majeure partie de ce droit provient de la *Common Law*.

La *Common Law* est le *corpus* des décisions des juges. Lorsqu'un juge trouve une solution à un problème juridique, les autres juges par la suite opteront pour cette solution afin que les plaideurs n'aient pas à défendre le même point de nouveau ; c'est ce qu'on appelle le précédent (*binding precedent*). Ceci n'empêche pas les juges par la suite d'améliorer la solution ou de rechercher des exceptions à la règle lorsque de nouvelles questions sont posées.

Chapitre 2
Qu'est-ce qu'un contrat?

Un contrat est « *un accord juridiquement contraignant* ». Une simple promesse, sans autre complément, ne constitue pas un contrat.

Les « *Heads of terms* » (une note préliminaire de projet avant que le contrat soit rédigé) ne constitue pas un contrat. Pas plus qu'un arrangement dans lequel aucune des parties ne se considère légalement liée à honorer ses promesses (mais plutôt où elle espère que l'autre partie tiendra son engagement) ; un tel arrangement est parfois connu comme un « *Gentlemen's Agreement* » (et même si le terme « *Gentlemen's Agreement* » le laisse supposer, il ne constitue pas en vérité un accord et les personnes qui passent cet arrangement ne sont pas des gentlemen).

Un peu comme pour la préparation d'un gâteau, afin de créer un contrat valide, on a besoin de certains ingrédients.

Ces ingrédients sont:
- Une *Offer* (une offre)
- Une *Acceptance* (l'acceptation) de l'offre
- La *Consideration* (la contrepartie)
- La *Privity* (l'effet relatif)
- La *Capacity* (une intention de créer des liens juridiques)
- Une *Intention to create legal relations*
- Pas de *vitiating factors* (facteurs viciant) présents.

Les facteurs de nature à vicier le contrat sont:
- *Mistake* (l'erreur)
- *Misrepresentation* (les fausses déclarations)
- *Duress* (la contrainte)
- *Undue influence* (la pression excessive)
- *Illegality* (l'illégalité).

Vous ne pouvez pas former de contrat valable si l'un de ces composants fait défaut.

Dans les chapitres suivants, j'aborderai ces composants et les expliquerai un peu plus en détail.

CHAPITRE 3

LES FORMALITÉS NÉCESSAIRES POUR FORMER UN CONTRAT

En règle générale, il n'y a pas de formalités spéciales nécessaires à la formation d'un contrat valable. Les contrats peuvent être formés verbalement, du simple comportement des parties ou par écrit. De tels contrats consensuels sont connus comme parol contracts ou contrats consensuels.

Un contrat consensuel écrit peut prendre la forme suivante:

THIS AGREEMENT is made on 1ˢᵗ April 1404	*LE PRÉSENT ACCORD a été rédigé le 1ᵉʳ avril 1404*
BETWEEN *Hieronymus Panais of 1 The Gardens, Beswick ["Mr Panais"] and Cedric Alloysius Carrotte of 1 Acacia Drive, Glossop ["Mr Carrotte"]*	*ENTRE* *Hieronymus Panais domicilié au lieu dit Des Jardins, Beswick [« M. Panais »] et Cedric Alloysius Carotte domicilié au 1 Rue de l'Acacia, Glossop [« M. Carotte »]*
WHEREAS the parties are desirous of entering into an agreement for the sale of the old master painting, "the Moaning Lisa", and Mr Panais is rather fond of boiled cabbage.[4]	*ATTENDU QUE les parties sont désireuses de conclure un accord pour la vente d'un vieux tableau de maître, la « Mona Frisa », et que M. Panais est plutôt friand de chou bouilli.*

4 Cette partie du contrat s'appelle « *the recitals* » (le préambule); il ne fait pas partie du contrat, mais fournit un contexte à tout futur lecteur sur la raison pour laquelle le contrat a été conclu.

NOW IT IS HEREBY AGREED

1. That Mr Panais will sell, and Mr Carrotte will buy Mr Panais's old master painting titled "The Moaning Lisa" for Mr Carrotte's cabbage on the above date.

2. Completion shall take place on the Windy Moor at the stroke of midnight on 1ˢᵗ April 1404, or such other place as may be agreed in writing by Mr Panais and Mr Carrotte.

3. At Completion, Mr Carrotte shall deliver or cause to be delivered a cabbage to Mr Panais and Mr Panais shall deliver or cause to be delivered to Mr Carrotte the old master titled "The Moaning Lisa".

4. This agreement and any disputes or claims arising out of or in connection with it or its subject matter or formation (including non-contractual disputes or claims) are governed by and construed in accordance with the law of England and Wales. The parties irrevocably agree that the courts of England and Wales have exclusive jurisdiction to settle any dispute or claim that arises out of or in connection with this agreement or its subject matter or formation (including non-contractual disputes or claims).

IL EST CONVENU PAR LE PRÉSENT ACCORD :

1. Que M. Panais vendra, et M. Carotte achètera le vieux tableau de maître intitulé la « Mona Frisa » de M. Panais en échange du choux de M. Carotte à la date indiquée ci-dessus.

2. La conclusion de l'accord se déroulera à la Lande venteuse, à minuit pile, le 1ᵉʳ avril 1404, ou tout autre lieu qui peut être convenu par écrit par M. Panais et M. Carotte.

3. À la conclusion de l'accord, M. Carotte devra remettre ou faire remettre à M. Panais un chou et M. Panais devra remettre ou faire remettre à M. Carotte le vieux tableau de maître intitulé la « Mona Frisa ».

4. Cet Accord ainsi que tout litige ou toute réclamation découlant ou ayant un lien avec celui-ci ou son contenu ou sa forme (y compris les réclamations ou litiges non contractuel(le)s) seront régis et interprétés conformément au droit anglais et gallois. Les parties conviennent irrévocablement que les tribunaux d'Angleterre et du Pays de Galles auront exclusivement le droit de connaitre de l'affaire afin de régler tout litige ou toute réclamation provenant ou résultant du présent contrat, de son contenu ou sa forme (y compris les réclamations ou les litiges non contractuel(le)s).

<table>
<tr>
<td>

IN WITNESS WHEREOF the parties have set their hands this date first above mentioned.

Signed:

Hieronymus Panais

Hieronymus Panais

Signed:

Cedric Alloysius Carrotte

Cedric Alloysius Carrotte

</td>
<td>

EN FOI DE QUOI, les parties ont apposé leur signature à la première date mentionnée ci-dessus.

Signature:

Hieronymus Panais

Hieronymus Panais

Signature:

Cedric Alloysius Carotte

Cedric Alloysius Carotte

</td>
</tr>
</table>

Si vous voulez un document plus formel, au lieu d'un contrat consensuel, vous pouvez rédiger votre contrat sous la forme d'un *deed*. Les actes sont également connus sous le nom de contrats solennels.

À titre d'exemple, un *Deed* pourrait avoir la forme suivante:

<table>
<tr>
<td>

THIS DEED is made on 1ˢᵗ April 1404

BETWEEN
Hieronymus Panais of 1 The Gardens, Beswick ["Mr Panais"] and Cedric Alloysius Carrotte of 1 Acacia Drive, Glossop ["Mr Carrotte"]

</td>
<td>

LE PRÉSENT ACTE a été rédigé le 1ᵉʳ avril 1404

ENTRE
Hieronymus Panais domicilié au lieu dit Des Jardins, Beswick [« M. Panais »] et Cedric Alloysius Carotte domicilié au 1 Rue de l'Acacia, Glossop [« M. Carotte »]

</td>
</tr>
</table>

WHEREAS the parties are desirous of entering into an agreement for the sale of the old master painting known as "the Moaning Lisa" and Mr Panais is rather fond of boiled cabbage.

NOW THIS DEED WITNESSETH AS FOLLOWS:

1. That Mr Panais agrees to sell, and Mr Carrotte agrees to buy Mr Panais's old master painting titled "The Moaning Lisa" for Mr Carrotte's cabbage on the above date.

2. Completion shall take place on the Windy Moor at the stroke of midnight on 1ˢᵗ April 1404, or such other place as may be agreed in writing by Mr Panais and Mr Carrotte.

3. At Completion, Mr Carrotte shall deliver or cause to be delivered a cabbage to Mr Panais and Mr Panais shall deliver or cause to be delivered to Mr Carrotte the old master titled "The Moaning Lisa".

4. This agreement and any disputes or claims arising out of or in connection with it or its subject matter or formation (including non-contractual disputes or claims) are governed by and construed in accordance with the law of England and Wales. The parties irrevocably agree that the courts of England and Wales have exclusive jurisdiction to settle any dispute or claim that

ATTENDU QUE les parties sont désireuses de conclure un accord pour la vente d'un vieux tableau de maître, la « Mona Frisa », et que M. Panais est plutôt friand de chou bouilli.[5]

À PRÉSENT CET ACTE ATTESTE CE QUI SUIT :

1. Que M. Panais accepte de vendre, et M. Carotte accepte d'acheter le vieux tableau de maître intitulé la « Mona Frisa » de M. Panais en échange du choux de M. Carotte à la date indiquée ci-dessus.

2. La conclusion de l'accord se déroulera à la Lande venteuse, à minuit frappant, le 1ᵉʳ avril 1404, ou tout autre lieu qui peut être convenu par écrit par M. Panais et M. Carotte.

3. À la conclusion de l'accord, M. Carotte devra remettre ou faire remettre à M. Panais un chou et M. Panais devra remettre ou faire remettre à M. Carotte le vieux tableau de maître intitulé la « Mona Frisa ».

4. Cet Accord ainsi que tout litige ou toute réclamation découlant ou ayant un lien avec celui-ci ou son contenu ou sa forme (y compris les réclamations ou litiges non contractuel(le)s) seront régis et interprétés conformément au droit anglais et gallois. Les parties conviennent irrévocablement que les tribunaux d'Angleterre et du Pays de Galles auront exclusivement le droit de connaitre de l'affaire afin de régler

arises out of or in connection with this agreement or its subject matter or formation (including non-contractual disputes or claims).

IN WITNESS of which the parties have executed this agreement as a deed and it has been delivered on the day and year which first appears

Signed as a DEED by:

Hieronymus Panais

Hieronymus Panais
In the presence of: Ava Aveugle
Witness name: Ava Aveugle
Witness address: Prison de la Santé
Occupation: Burglar

Signed as a DEED by:

Cedric Alloysius Carrot

Cedric Alloysius Carrot
In the presence of: Ava Aveugle
Witness name: Ava Aveugle
Witness address: Prison de la Santé
Occupation: Burglar

tout litige ou toute réclamation provenant ou résultant du présent contrat, de son contenu ou sa forme (y compris les réclamations ou les litiges non contractuel(le)s).

EN FOI DE QUOI, les parties ont signé cet accord comme un acte et il a été livré le jour et l'année qui apparaît en premier sur le présent acte

SIGNÉ comme un ACTE par:

Hieronymus Panais

Hieronymus Panais
En présence de : Ava Aveugle
Nom du témoin : Ava Aveugle
Adresse du témoin : Prison de la Santé
Profession : Cambrioleuse

SIGNÉ comme un ACTE par:

Cedric Alloysius Carotte

Cedric Alloysius Carotte
En présence de : Ava Aveugle
Nom du témoin : Ava Aveugle
Adresse du témoin : Prison de la Santé
Profession : Cambrioleuse

---

5   Cette partie du contrat s'appelle « the recitals » (le préambule); il ne fait pas partie du contrat, mais fournit un contexte à tout futur lecteur sur la raison pour laquelle le contrat a été conclu.

Jadis, le *deed* était une variété d'aces faits sous un sceau de cire rouge (*under seal*). À l'époque actuelle, la rigueur formaliste a été assouplie et il suffit que le document atteste lui-même être un « *deed* ». On pourrait écrire, dans une logique civiliste, que le *deed* est un engagement abstrait qui tire sa force obligatoire de l'*instrumentum* lui-même et des formalités accomplies plutôt que de la volonté des parties. En cela, un certain rapprochement est possible avec l'acte notarié du notariat des pays latins.

Bien qu'il s'agisse d'instruments juridiques forts anciens, ce type d'acte comporte néanmoins certains avantages. Les contrats formés par le biais d'un *deed* ne nécessitent pas de *consideration* (contrepartie). Si l'une des parties rompt un contrat conclu par le biais d'un *deed*, le délai pour entamer des poursuites en raison de la violation du deed est de douze ans (au lieu des six ans normalement applicables).

Certains contrats doivent nécessairement être conclus par le biais d'un *deed*. Cela concerne notamment les transferts de terrains, les baux portant sur des biens immobiliers conclus pour une durée supérieure à trois ans et les hypothèses où il est besoin de contourner l'absence de *consideration*.

Certains contrats doivent être formés par écrit (mais pas nécessairement par le biais d'un acte). Cela concerne notamment les lettres de change, les chèques et les billets à ordre[6], les accords de crédit à la consommation tels que les accords de location-vente[7], les contrats d'assurance maritime[8], les contrats

---

6   Bills of Exchange Act 1982
7   Consumer Credit Act 1972
8   Marine Assurance Act 1906

relatifs à la vente ou autre cession de terrains[9].

Certains contrats doivent, même s'ils ne sont pas eux-mêmes sous une forme écrite, être au moins constaté par écrit, tels que les contrats de garantie[10].

---

9   Law of Property (Miscellaneous Provisions) Act 1989
10   s.4 of the Statute of Frauds Act 1677

Une classification des contrats: contrats valides (*valid*), révocables (*voidable*) et invalides (*void*)

D'abord, on appelle *Valid contracts* (contrats valides) les contrats que la loi reconnaît comme pleinement exécutoires pour les parties.

Ensuite, on appelle, en revanche, *Void contracts* (les contrats « *nuls et non-avenus* »), les contrats qui sont sans effet juridique. En bref, bien que les parties aient pu espérer former un contrat, elles n'y sont pas parvenues. Cela peut survenir lorsque le contrat conclu est entaché de l'une des catégories particulières d'erreur, d'un manquement à la doctrine de l'illégalité ou à l'ordre public, ou tout simplement lorsque le contrat ne contient pas l'un des composants nécessaires à sa formation, par exemple la contrepartie.

On appelle *Voidable contracts* (contrats « révocables » ou « *annulables* ») les contrats qui peuvent être révoqués à la demande de l'une des parties. Si aucune mesure n'est prise pour révoquer l'accord, alors un contrat valable en découlera. Les contrats conclus dans le cadre d'une fraude, d'une fausse déclaration ou la contrainte sont révocables. Ainsi, la partie qui a conclu un contrat et comprend ensuite qu'elle été dupée par les fausses déclarations de l'autre partie pourra, décider de mettre fin au contrat ou, si le contrat lui convient malgré tout, en poursuivre l'exécution.

Un *Unenforceable Contract* (un contrat non exécutoire), un accord qui, bien que légal, ne peut être poursuivi pour une quelconque raison. À titre d'exemple, cela pourrait être le cas d'un contrat après l'expiration du délai contractuel lorsque la période d'application du contrat a expiré.

Chapitre 5
L'offre (*Offers*)

Une *Offer* (une offre) est une promesse, qui peut être acceptée, lorsque certaines conditions sont réunies. Elle peut être faite à une personne en particulier, à un groupe de personnes ou au public en général[11].

Carlill v Carbolic Smoke Ball Co (1893)

La société *Carbolic Smoke Ball Company* avait publié des annonces dans un journal, la Pall Mall Gazette, en novembre 1891 affirmant « 100 £ de récompense seront versés par la Carbolic Smoke Ball Company à toute personne qui contracte une grippe épidémique, un rhume, ou toute maladie causée par un refroidissement, après avoir utilisé la balle trois fois par jour pendant deux semaines, selon les indications fournies avec chaque boule de fumée carbolic». Mme Elizabeth Louisa Carlill vit l'annonce, acheta l'une des inhalateurs et l'utilisa trois fois par jour pendant près de deux mois jusqu'à ce qu'elle contracte la grippe le 17 janvier 1892. Lorsqu'elle réclama sa récompense de 100 £, la *Carbolic Smoke Ball Company* refusa de la payer. La Cour d'appel décida que la société était liée par sa publicité qui était interprétée comme une offre que l'acheteur, en utilisant l'inhalateur, acceptait l'offre, ce qui formait un contrat.

---

11   *Carlill v Carbolic Smoke Ball Co* (1893)

Si l'offre est limitée, seules les personnes à qui elle s'adresse peuvent l'accepter ; mais si l'offre est présentée au public, elle peut être acceptée par n'importe qui. Une offre ne peut pas être trop vague[12].

Scammel v Ouston [1941]

HC & JG Ouston a commandé une camionnette à *G Scammel & Nephew Ltd* pour un prix à payer selon ses conditions de location-vente habituelles. Malheureusement, Scammel a utilisé un certain nombre de conditions différentes de location-vente et les conditions applicables à l'accord d'Ouston en fait n'ont jamais été fixées. La Chambre des Lords a estimé qu'il n'y avait pas de contrat car l'offre était trop incertaine.

12 *Scammel & Nephew v Ouston* [1941]

De même que la déclaration d'intentions actuelles d'une personne ne représenterait également pas une offre[13].

Re Fickus (1900)

M. Fickus dit à son futur gendre que sa fille était instituée héritière dans son testament. Au décès de son beau-père, M. Fickus découvrant que ce dernier n'avait pas légué son patrimoine à sa fille, le gendre déçu entama des poursuites. La Tribunal estima que les mots du père n'étaient pas une offre mais une simple déclaration d'intentions qu'il pouvait modifier comme il le souhaitait par la suite.

Pas plus que le simple fait de communiquer des informations ne constitue une offre[14].

Harvey v Facey [1893]

M. Facey a pris part à des négociations avec le maire et le conseil municipal de Kingston, afin de vendre Bumper Hall Pen à Kingston en Jamaïque à la ville de Kingston. Le 7 octobre 1893, M. Facey se trouvait dans un train, lorsque M. Harvey qui voulait que le bien lui soit vendu plutôt qu'à la ville, envoya un télégramme à Facey. Il lui écrit, *« Allez-vous nous vendre Bumper Hall Pen? Envoyez-nous votre prix le plus bas - réponse télégraphiée payée »*. Facey répondit le jour même : *« Prix le plus bas pour Bumper Hall Pen 900 £ »* M. Harvey répondit ensuite par les mots suivants : « Nous sommes d'accord pour acheter Bumper

---

13   *Re Fickus* (1900)
14   *Harvey v Facey* [1893]

Hall Pen pour la somme de neuf cent livres que vous avez demandée. Veuillez nous envoyer votre titre de propriété afin que nous puissions prendre possession rapidement des lieux. » Facey refusa cependant de vendre à ce prix, et Harvey intenta une action. Le tribunal rejeta en première instance la demande de Harvey, mais la Cour d'appel annula la décision du tribunal de première instance, déclarant qu'il avait été prouvé qu'il existait bien un accord contraignant. Le *Privy Council* a estimé que l'indication du prix le plus bas qui serait acceptable ne constituait pas une offre de vente. C'est plutôt une invitation à entrer en pourparlers.

Une *Invitation to Treat* (une invitation à entrer en pourparlers) est une invitation lancée à d'autres personnes pour qu'elles fassent des offres. La personne qui lance cette invitation n'est pas tenue d'accepter les offres qui lui sont faites. Les exemples d'invitation to treat sont assez divers : publicités pour des appels d'offre, marchandises exposées dans les vitrines de magasins [15], prospectus invitant le public à souscrire des actions dans une société de capitaux ou marchandises mises sur rayons des supermarchés[16].

Fisher v Bell (1961)

M. James Bell expose un couteau à cran d'arrêt dans sa vitrine à côté d'une étiquette indiquant « *couteau rétractable, 4 shillings* ». L'inspecteur en chef George Fisher a initié une poursuite contre M. Bell pour « *proposition*

---

15 *Fisher v Bell* (1961)

16 *Pharmaceutical Society of Great Britain v Boots Cash Chemists* (1953)

de vente d'une arme offensive ». La Cour divisionnaire a estimé que M. Bell n'avait pas commis d'infraction parce qu'il n'y avait pas de « *proposition de vente* » : les marchandises présentées dans une boutique sont simplement une invitation à entrer en pourparlers ou une invitation à prendre part à une transaction commerciale.

Pharmaceutical Society of Great Britain v Boots Cash Chemists (1953).

Boots Cash Chemists venait juste de mettre en place un nouveau système dans ses magasins qui permettait aux clients de prendre des médicaments dans les rayons de la pharmacie et ensuite de les payer à la caisse. Avant cela, tous les médicaments étaient stockés derrière un comptoir et un employé de la pharmacie allait chercher lui-même le produit demandé. *L'Ordre des pharmaciens (Pharmaceutical Society of Great Britain)* fit valoir que cette pratique était illicite car un pharmacien devait superviser au point de vente où « *la vente était effectuée* » et fit valoir que la présentation de produits, était une « offre » qui était « *acceptée* » quand un client sélectionnait et mettait le médicament dans son panier. La Cour d'appel décida que la présentation des produits ne constituait pas une offre. En plaçant les produits dans son panier, c'était plutôt le client qui proposait d'acheter les produits. Cette proposition du client pouvait soit être acceptée ou soit rejetée par le pharmacien à la caisse. Du fait que l'exécution du contrat survenait en caisse en présence d'un pharmacien, il n'y a pas eu de violation de la loi.

Exprimer le rejet d'une offre permet de neutraliser l'offre initiale. Une *counter-offer* (une contre-offre) est considérée comme équivalent à un rejet de l'offre[17].

---

17   *Hyde v Wrench* (1840)

Hyde v Wrench (1840)

Wrench a proposé à Hyde de lui vendre sa ferme située à Luddenham pour la somme de 1 000 £. Hyde a fait une offre de 950 £, que Wrench a rejetée. Hyde a alors informé Wrench qu'il acceptait l'offre initiale de 1 000 £. À ce stade, Wrench a refusé de vendre le bien, et Hyde a intenté une action à l'encontre de Wrench pour rupture de contrat. La Cour a estimé qu'il n'y avait pas de contrat : en faisant la contre-offre, Hyde a rejeté l'offre de Wrench. Après avoir rejeté l'offre de Wrench, il ne pouvait plus l'invoquer par la suite.

Toutefois, une demande d'information n'est ni une contre-offre ni le rejet d'une offre[18].

Stevenson v McLean (1880)

Stevenson, Jaques & Co étaient des négociants en fer qui achetaient du fer pour le revendre à des tiers. M. Maclean envoya un télégramme pour offrir à Stevenson Jaques & Co du fer, par un mandat de vente ainsi rédigé : « 40 shillings, net, offre valable jusqu'à lundi ». Le lundi matin à 9h42, Stevenson, Jaques & Co a demandé quel était le délai de paiement le plus long qui pourrait lui être accordé. A défaut de réponse, ils acceptèrent l'offre de Maclean à 13h34. Ils découvrirent par la suite dans un télégramme que Maclean avait vendu le fer à quelqu'un d'autre. Stevenson le poursuivit pour rupture de contrat. La Cour décida qu'un contrat avait bien été formé et que Maclean l'avait rom-

---

18 *Stevenson v McLean* (1880)

pu; le télégramme que Stevenson avait envoyé 9h 42 était pas un rejet de l'offre mais une simple demande d'informations pour savoir si les délais pouvaient être modifiés. La tentative de Maclean de révoquer son offre ne prenait pas effet au moment où il l'avait envoyée (13h25) mais au moment où la révocation de l'offre était reçue (survenue après l'acception de Stevenson Jaques & Co à 13h34) et donc n'annulait pas le contrat.

Une offre peut expirer à la fin d'un délai indiqué si l'auteur de l'offre a fixé un délai limité au cours duquel l'acceptation doit être soumise. Une offre ne sera naturellement plus valable au bout d'un délai raisonnable. Une offre devient caduque si la personne à laquelle l'offre a été faite décède ou si l'auteur de l'offre décède, à la condition que le contrat soit conclu en considération de la personne (intuitu personae, c'est-à-dire si l'offre qui avait faite nécessitait les compétences personnelles de l'auteur de l'offre comme, par exemple, si ce dernier aurait dû chanter un aria ou peindre un tableau). Une offre peut aussi être révoquée par l'auteur de l'offre.

Une offre peut être révoquée à tout moment avant l'acceptation. Une fois révoquée, l'offre n'est plus valable et la personne à laquelle elle avait été proposée ne peut plus accepter l'offre initiale.

Routledge v Grant (1828)

Grant a proposé d'acheter la maison de Routledge et lui a donné un délai de six semaines pour accepter l'offre. Au cours de ce délai, toutefois, Grant a changé d'avis et a retiré son offre. Routledge a alors accepté l'offre, déclarant qu'il avait accepté l'offre au cours du délai de six semaines. Le Tribunal a estimé que Grant avait le droit de retirer l'offre à tout moment avant l'acceptation.

Pour que la révocation d'une offre prenne effet, l'auteur de l'offre doit faire savoir que son offre a été révoquée. Ceci est dû au fait que la révocation de l'offre n'est pas valable tant qu'elle n'a pas été réellement reçue par le destinataire de l'offre[19] : la révocation peut être communiquée par l'intermédiaire d'un tiers fiable[20].

Lorsque l'offre fait partie d'un contrat unilatéral[21] au sens de la Common Law, la révocation n'est pas permise une fois que le destinataire de l'offre a commencé à effectuer la tâche requise[22] ; un contrat unilatéral concerne les accords où un

---

19   *Byrne v Tienhoven* (1880)

20   *Dickinson v Dodds* (1876)

21   Au sens de la Common Law, il y a un *Unilateral Contract* lorsqu'une partie fait une promesse à une autre en échange d'une prestation accomplie par cette dernière. Le *Unilateral Contract* s'oppose au *Bilateral Contract* où les parties s'échangent des promesses réciproques. Cette classification est donc sans relation aucune avec celle qui oppose le contrat synallagmatique au contrat unilatéral en droit civil. C'est un faux ami

22   *Errington v Errington* (1952)

parti promet quelque chose en échange d'une action effectuée par une autre partie (par exemple en offrant une contrepartie).

Errington v Errington (1952)

Un père promit à son fils et à sa belle-fille qu'il leur transmettrait une maison lorsqu'ils auraient remboursé le solde du prêt immobilier. Après le décès du père, sa veuve tenta de révoquer la promesse de son époux défunt. Le tribunal décida que la promesse ne pouvait plus être révoquée tant que les versements du prêt immobilier continuaient à être honorés.

Chapitre 6
L'ACCEPTATION (*ACCEPTANCE*)

Une fois que le destinataire de l'offre a accepté les conditions offertes, le contrat entre en vigueur. Les deux parties sont alors liées.

L'acceptance (l'acceptation) peut être exprimée oralement ou par écrit ; ou elle peut être implicite déduite du comportement de l'individu. Cependant, l'acceptation doit correspondre aux conditions de l'offre.

Neale v Merritt (1830)

Merritt proposa à Neale de vendre sa propriété pour 280 £. Neale répondit dans une lettre qu'il acceptait l'offre et fit parvenir 80 £ avec sa lettre, promettant de payer le reste du montant par versements mensuels. Le tribunal décida que Neale n'avait pas conclu de contrat avec Merritt ; sa supposée acceptation de l'offre, avec l'ajout d'une condition selon laquelle le règlement du montant serait effectué en plusieurs versements ne correspondait pas à l'offre.

Ainsi, une contre-offre n'équivaut pas à l'acceptation d'une offre[23].

---

23   *Hyde v Wrench* (1840)

Brogden v Metropolitan Railway Co (1877)

La Metropolitan Railway Co envoya à M. Alexander Brogden, un marchand de charbon, un projet de contrat. M. Brogden remplit certaines parties du document laissées blanches et inséra le nom d'un arbitre qui pourrait trancher tout litige entre eux. Il renvoya ensuite le document, marqué de la mention « approuvé ». *Metropolitan* archiva tout simplement les documents. Pendant un certain temps, les deux parties du contrat agirent selon les conditions énoncées dans le document. Par la suite, de graves désaccords apparurent, et M. Brogden soutint qu'aucun contrat officiel n'avait réellement été conclu. La Chambre des Lords estima que les amendements apportés au document par M. Brogden équivalaient à une contre-offre, qui avait été acceptée par *Metropolitan*, dès lors que les deux parties avaient agi conformément à celle-ci.

Cependant, le silence, en lui-même, ne peut correspondre à une acceptation.

Felthouse v Bindley (1863)

M. Paul Felthouse, un constructeur, écrivit à son neveu, M. John Felthouse, après une discussion sur l'achat d'un cheval, « si je n'ai plus de nouvelles de lui, je considèrerai que le cheval sera à moi pour la somme de 30 livres et 15 shillings. » Son neveu ne répondit pas. Il était occupé lors de ventes aux enchères qui se déroulaient à sa ferme de Tamworth. Il a dit à l'homme qui était en charge des ventes aux enchères, M. William Bindley, de ne pas vendre le cheval. Mais par erreur, M. Bindley vendit le cheval. L'oncle Felthouse poursuivit alors Bindley pour vente de la chose d'autrui, sur la base qu'il était à présent propriétaire du cheval. Le tribunal de première instance (Court of Common Pleas) a estimé que l'oncle Felthouse n'était pas propriétaire du cheval car son neveu ne lui avait pas fait parvenir son acceptation du contrat.

Il existe deux importantes exceptions à cette règle. La première concerne le cas de *contrats unilatéraux* au sens de la *Common Law,* lorsque l'auteur de l'offre a renoncé à son droit de recevoir une acceptation et que le fait d'entreprendre la prestation envisagée est suffisant comme acceptation[24] ou bien lorsque l'acceptation est considérée valable lorsqu'elle a été postée.

Cette dernière exception est connue comme « *the postal rule* » (la règle du cachet de la poste). Selon la « *postal rule* » (en droit français, la théorie de l'émission), lorsque les parties ont estimé que l'acceptation pouvait être communiquée par

---

24   *Carlill v Carbolic Smoke Ball Co* (1893)

voie postale, l'acceptation est réputée survenir lorsqu'une lettre affranchie correctement adressée est déposée dans la boîte aux lettres (et ce, même si la lettre ne devait jamais parvenir au destinataire !)[25]. La règle du cachet de la poste ne s'applique pas aux formes de communication instantanée, comme les appels téléphoniques, les télégrammes, les télécopies ou les courriels; pour chacun de ces cas, l'auteur de l'offre doit recevoir une acceptation pour que l'offre soit applicable[26]. En outre, l'auteur d'une offre est libre d'insister, au moment où il fait son offre, que la règle du cachet de la poste ne soit pas appliquée et que l'acceptation entrera uniquement en vigueur lorsqu'elle aura été reçue[27].

---

25 *Adams v Lindsell* (1818)
26 *Entores v Miles Far East Corp* (1955)
27 *Holwell Securities v Hughes* (1974)

Chapitre 7
La contrepartie (*Consideration*)

Un élément essentiel de tout contrat est que chacune des deux parties doit offrir une *consideration* (une contrepartie) à l'autre, la *Consideration* signifiant le prix payé pour une promesse. Elle a été définie comme « *une compensation accordée au bénéficiaire de la promesse ou une compensation accordée au l'auteur de la promesse* » ou le *quid pro quo*.

La Consideration peut être un bien, un service, ou même une abstention, c'est à dire une non-action, ou l'abandon d'un droit (par exemple, s'engager à ne pas lancer de poursuites judiciaires contre l'autre partie). *La Consideration* doit être suffisante mais pas nécessairement adéquate. Les avocats visant à exprimer une contrepartie nominale mais parfaitement légale et valide, fixent le prix pour *un grain de poivre*.

Chappell & Co v Nestlé Co [1960]
Nestlé avait offert de vendre des disques à un prix réduit à toute personne qui lui enverrait dans trois emballages de la barre chocolatée à 6 pennies. *Chappell & Cie* détenait les droits d'auteur de l'un des titres, «*Rockin' Shoes*». *Chappell* soutint que les emballages constituaient une partie du prix et qu'ils pouvaient également toucher des droits d'auteur sur cette partie du prix. La Chambre des Lords, étant du même avis, décida que l'emballage pouvait constituer une contrepartie valable, même si les em-

ballages étaient sans valeur intrinsèque, et si Nestlé les a jetés lorsqu'elle les a reçus.

Les contrats formés par le biais d'un *deed* n'ont pas besoin de *consideration* (le sceau de cire fournit symboliquement aux parties le « prix »).

Une Consideration peut être fournie au moment de la conclusion du marché ou ultérieurement à l'avenir. Ce qui avait déjà été donné ou une action passée ne saurait constituer une contrepartie valable.

Une contrepartie ultérieure n'est donc pas une contrepartie. Cette règle comporte quelques exceptions, à savoir les lettres de change[28], le principe que les dettes prescrites peuvent devenir exécutoires de nouveau si elles sont reconnues par écrit[29] et également lorsque le requérant a effectué un travail à la demande du défendeur dans l'attente de son paiement, alors toute promesse de paiement ultérieure sera exécutoire.

S'acquitter d'un devoir légal préexistant n'est pas une contrepartie valable cependant on peut parler de contrepartie si la personne va au-delà que ce que son devoir légal requiert[30]. De même, l'exécution d'une obligation contractuelle ne peut pas être réutilisée pour indiquer qu'un nouveau contrat comporte une contrepartie[31].

---

28   s. 27, Bills of Exchange Act 1882
29   s. 29 Limitation Act 1980
30   *Harris v Sheffield United FC* (1987), Glasbrook v Glamorgan County Council (1925)
31   *Stilk v Myrick* (1809)

Stilk v Myrick (1809)

Lorsque deux membres de l'équipage abandonnèrent leur poste alors que le navire avait accosté à Cronstadt, le capitaine du navire promit aux autres membres de l'équipage et à Stilk qu'ils partageraient le salaire des déserteurs s'ils terminaient le voyage pour aller jusqu'à la mer Baltique et revenir ensuite. Stilk effectua le voyage mais Myrick, le propriétaire du navire, refusa d'honorer la promesse faite par son capitaine. Le tribunal a estimé que Stilk ne pouvait pas faire appliquer la promesse du capitaine, car Stilk n'avait fourni aucune contrepartie comme il n'avait rien fait de plus que ce qu'il était déjà tenu de faire.

Cependant, l'exécution des obligations d'un contrat envers une personne peut représenter une contrepartie valable *pour la promesse faite par une autre personne*[32].

---

32   *Shadwell v Shadwell* (1860)

Shadwell v Shadwell (1860)

Charles, l'oncle de M. Shadwell lui avait promis que s'il se mariait, il verserait à son neveu 150 £ par an, jusqu'à ce que sa rémunération en tant qu'avocat de la chancellerie atteigne 600 guinées par an. En fait, M. Shadwell était déjà fiancé à Ellen Nicholl. Au décès de l'oncle Charles, M. Shadwell déclara que son oncle ne l'avait pas payé entièrement, mais l'exécuteur testamentaire de son oncle refusa de lui verser la somme réclamée au motif que M. Shadwell n'avait rien offert en contrepartie de la promesse de payer. Le tribunal a estimé que le mariage de M. Shadwell était une contrepartie suffisante pour la promesse de l'oncle, alors même que le neveu était déjà fiancé.

En vertu de la *Common law*, un paiement partiel ne peut être un règlement satisfaisant d'une dette à moins qu'une contrepartie ne soit offerte[33]. La règle peut être contournée par un paiement en nature, un paiement par accord, avant la date d'échéance du paiement, un paiement à un endroit différent, le paiement d'une somme inférieure par une tierce partie ou en vertu d'une *composition with creditors* (un concordat de redressement où tous les créanciers d'un commun accord acceptent un paiement partiel de leurs dettes).

Pinnel's Case (1602)

Pinnel intenta une action à l'encontre de Cole pour une obligation de 8 livres et 10 shillings. Cole, cependant,

---

33   La Règle dans Pinnell's Case

déclara que Pinnel avait accepté 5 livres, 2 shillings et 2 pennies comme paiement intégral de la dette. Le tribunal décida que ce n'était pas suffisant pour acquitter la dette, même si le paiement qui avait été effectué en nature (plutôt qu'en espèces), tel qu' « *un faucon, un cheval ou une robe* » aurait suffi.

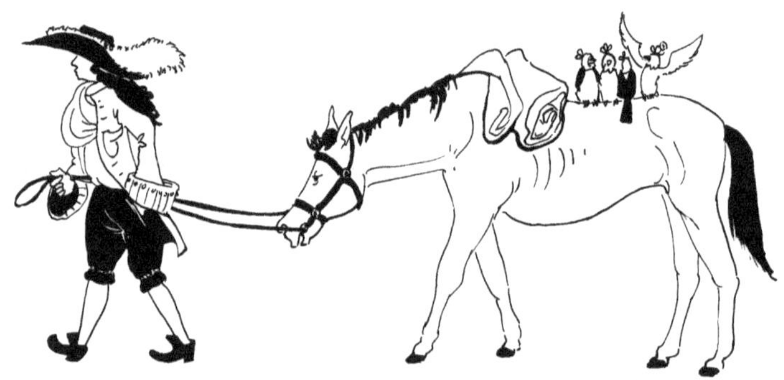

CHAPITRE 8
L'EFFET RELATIF DU CONTRAT (*PRIVITY*)

L'expression de *Privity* (l'effet relatif) signifie qu'un contrat peut uniquement imposer des droits ou obligations aux seules personnes qui sont parties au contrat. Les personnes qui ne sont pas parties au contrat ne peuvent pas se prévaloir du contrat.

Dunlop v Selfridge [1915]

Dunlop a vendu des pneus à *Dew & Co*, des grossistes, sous réserve que les pneus ne soient pas ensuite revendus à un prix inférieur à celui fixé par Dunlop. Les grossistes avaient donc accepté que les acheteurs ne puissent obtenir les pneus à prix inférieur au prix d'achat. *Dew & Co* ont revendu les pneus à *Selfridge* selon ces mêmes conditions. *Selfridge* a rompu l'accord de tarification et a vendu les pneus en appliquant un rabais. *Dunlop* a intenté une action à l'encontre de *Selfridge* ; toutefois le tribunal a rejeté réclamation de *Dunlop* en raison de l'effet relatif du contrat : Dunlop n'était pas partie à l'accord conclu entre *Dew & Co* et *Selfridge*.

Lorsque le fait d'accorder un avantage à un tiers est intentionnel, il existe un certain nombre de moyens de contourner la règle de *privity* et de fournir au bénéficiaire des droits contractuels exécutoires. Le bénéficiaire peut intenter une action pour d'autres motifs (faire appliquer les droits d'une partie en tant que son agent ou fiduciaire), les avantages du contrat pourraient être cédés, ou en vertu d'un contrat accessoire ou par une condition expresse du contrat[34].

Shanklin Pier v Detel Products (1951)

Shanklin Pier a conclu un contrat avec des peintres pour qu'ils peignent leur jetée avec de la peinture *Detel*, après que *Detel Products* leur ait assuré que leur peinture aurait une durée de vie d'au moins 7 ans. En fait, la peinture s'est écaillée au bout de trois mois. *Shanklin Pier* a intenté une action à l'encontre de *Detel Products* pour rupture de contrat. Le tribunal a estimé que bien que *Shanklin Pier* n'ait pas le droit d'agir contre le fabricant de peintures (au motif que *Shanklin Pier* n'avait pas avec lui de relation contractuelle), un contrat accessoire avait été formé entre *Detel* et *Shanklin Pier* du fait que *Shanklin Pier* avait décidé d'utiliser les peintures *Detel* dans le contrat principal sur la base de la promesse de *Detel* que leurs peintures étaient adaptées.

---

34   Contracts (Third Party Rights) Act 1999

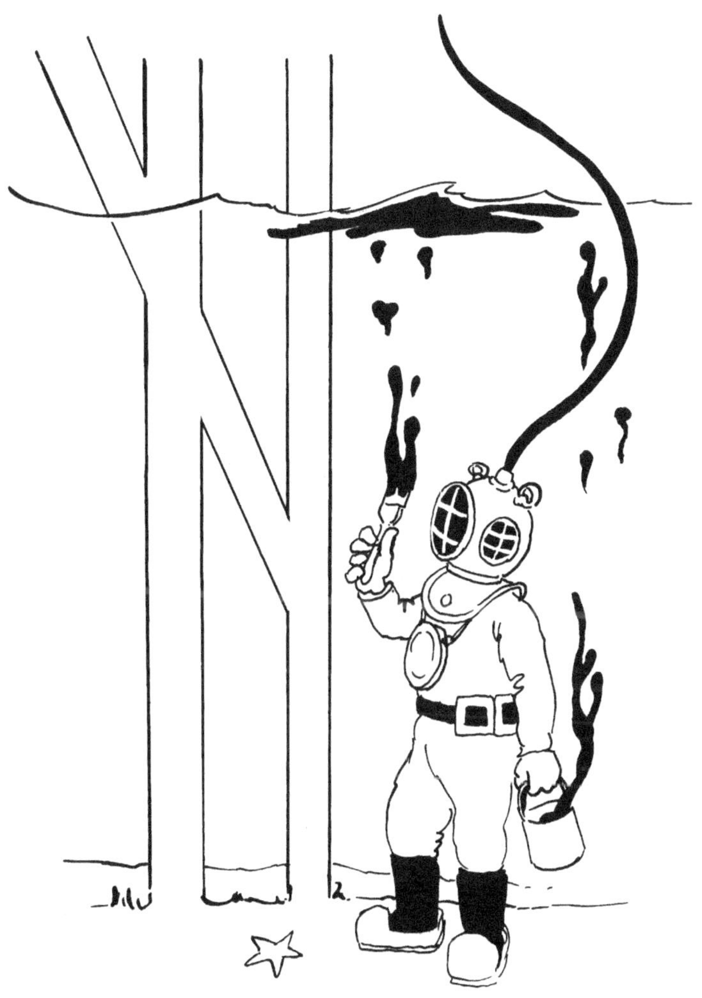

Chapitre 9

La capacité (*Capacity*)

L'expression de *Capacity* fait référence à la capacité d'une personne à conclure un contrat, c'est-à-dire dans les pays de droit civil à la *capacité d'exercice*.

Tous les adultes sains d'esprit peuvent de plein droit conclure un contrat.

Il existe trois exceptions à cette règle : les mineurs, les patients et des personnes sous l'influence de l'alcool.

Minors (Les mineurs)

Un mineur est une personne âgée de moins de 18 ans.

En fonction de la nature des contrats conclus avec un mineur, deux régimes juridiques doivent être distingués :

- Le contrat peut être valide et exécutoire jusqu'à ce que l'incapable résilie le contrat pendant sa minorité ou dans un délai raisonnable à l'issue de celle-ci;
- Le contrat n'est pas exécutoire à moins que ou jusqu'à ce que le mineur ratifie le contrat une fois qu'il a atteint l'âge de la majorité

Les contrats valides (et donc contraignants) avec un mineur sont ceux relatifs à la fourniture de biens indispensables, les contrats d'apprentissage (s'ils ont un élément pédagogique), les contrats d'éducation, les contrats de service (s'ils sont avantageux pour les mineurs) et pour la vente des marchandises du mineur (si les marchandises sont livrées). Si « *necessaries*» (des biens indispensables) sont vendus et livrés à un mineur, le mineur doit payer un prix raisonnable pour ces biens[35].

Les *Necessaries* (des biens indispensables) sont définis comme des produits adaptés à la condition de vie du mineur et à ses besoins actuels au moment de la vente. Les biens indispensables à un mineur comprennent également les biens indispensables pour son/sa conjoint(e) et ses enfants.

Les *Neccessaries* (les éléments qui sont considérés indispensables) comprennent :
- des services juridiques
- des services médicaux
- les frais d'enterrement du conjoint
- les alliances de mariage
- un vélo
- la location d'une voiture
- l'uniforme d'un régiment.

Les éléments qui ne sont pas considérés *necessaries* (indispensables) comprennent :
- les gilets fantaisie
- des leçons de pilotage pour un étudiant en droit
- de larges quantités de tabac
- des dîners coûteux pour une amie étudiante
- une collection de tabatières
- une voiture de sport d'occasion.

---

35   Section 3 Sale of Goods Act 1979

Les contrats qui sont considérés exécutoires à moins d'avoir été résiliés sont des contrats dans lesquels le mineur acquiert un intérêt de nature permanente, comme notamment la souscription à des actions, les baux ou les ventes de terrains et des sociétés. Toutefois, bien que le mineur détienne un tel intérêt, le mineur est tenu de payer toutes les dettes découlant des appels à souscriptions, loyers ou des dettes de la société de personnes.

Tout autre contrat n'est pas contraignant pour le mineur avant que ce dernier ne l'ait ratifié ou après que le mineur ait atteint sa majorité. Cela couvre les contrats tels que les prêts, les ventes de biens non indispensables et les contrats commerciaux. Si le contrat n'est pas applicable et que le tribunal estime qu'il est juste et équitable, le tribunal peut exiger que le mineur retourne les biens acquis par lui ou tout bien le représentant dans le cadre d'un tel contrat[36].

---

36   3 Minors Contracts Act 1987

Patients (*les patients*)

Au moment de la conclusion du contrat, le patient était telle-ment déséquilibré qu'il ne savait pas ce qu'il faisait, et l'autre partie savait qu'il était déséquilibré[37] ou aurait dû le savoir[38], le contrat est révocable s'il le souhaite. La charge de la preuve pesant sur une personne qui plaide son incapacité consiste à démontrer qu'il était incapable de comprendre la nature de ce qu'il faisait et n'a pas compris ce que signifiait ou disait le contrat[39]. Il sera toujours tenu de payer un prix raisonnable pour *necessaries* (les biens indispensables)[40].

---

37   Imperial Loan v Stone (1892)
38   Dunhill v Burgin (2014)
39   Fehily v Atkinson [2016]
40   Section 7 Mental Capacity Act 2005

Drunkeness (*l'ivresse*)

Au moment de la conclusion du contrat, la partie était tellement déséquilibré qu'elle ne savait pas ce qu'elle faisait, et l'autre partie savait qu'elle était déséquilibré[41] ou aurait dû le savoir[42], le contrat est révocable s'il le souhaite. Le contrat peut donc être conclu lorsque les parties ne sont pas sous l'influence de l'alcool[43]. Si des biens indispensables sont vendus et livrés à une personne qui est sous l'influence de l'alcool, elle doit néanmoins payer un prix raisonnable pour ces biens.

---

41   Imperial Loan v Stone (1892)
42   Dunhill v Burgin (2014)
43   Çela vaut aussi pour les autres stupéfiants, par examples les drogues.

Chapitre 10
L'intention de créer un lien d'obligation (*intention to create legal relations*)

Les tribunaux feront uniquement appliquer les accords dont les parties souhaitaient qu'ils aient un effet obligatoire.

La loi présume que ces parties n'ont pas l'intention de donner un effet obligatoire à des relations domestiques ou sociales. Ainsi, un tribunal présumera que des arrangements entre les parents et les enfants ne sont pas destinés à être exécutoires[44]. Cette présomption peut être renversée.

Un autre exemple où la présomption s'applique (et l'absence de la preuve du contraire) qui ne sera normalement pas exécutoire dans les tribunaux, notamment les conventions collectives, tels que des accords entre employeurs et syndicats, et les lettres d'intention des sociétés mères garantissant leur intention de continuer à apporter un soutien financier à leurs filiales[45].

Les « *Sales puffs* », c'est-à-dire les exagérations qui ne peuvent pas être prises au sérieux (comp. *dolus bonus* en droit civil) n'ont également pas de force juridique[46].

---

44   Jones v Padavatton (1969)

45   Kleinwort Benson v Malaysian Mining Corp (1989)

46   Weeks v Tybald (1605)

Weeks v Tybald (1605)

M. Tybald a annoncé qu'il donnerait 100 £ à « *celui qui épouserait sa fille avec son consentement* ». Le tribunal a estimé que l'annonce était une publicité trompeuse car personne ne pouvait raisonnablement s'attendre à ce que M.Tybald respecte sa parole ; il souhaitait simplement « appâter » les futurs prétendants.

CHAPITRE 11

LES TERMES DU CONTRAT

Les termes contractuels peuvent être classés en trois catégories: On appelle *condition* (une condition) une stipulation qui est une partie fondamentale de l'accord ; c'est une stipulation qui est à la racine du contrat. La violation d'une *condition* donne à la « partie innocente », c'est-à-dire au créancier de l'obligation, le droit de résilier le contrat et de refuser d'effectuer une partie de ces obligations, ou alternativement d'honorer l'accord et de poursuivre pour dommages-intérêts[47].

On appelle *warranty* (une garantie, même si le concept diffère en droit civil) une obligation secondaire qui, dans l'esprit des parties, n'est pas vitale pour l'accord même si elle est oligatoire. Son inexécution ne détruit donc pas totalement l'efficacité du contrat dans son ensemble[48]. La violation d'une *warranty* ne donne pas le droit de mettre fin à l'accord. La « partie innocente » doit honorer sa partie de l'accord et peut uniquement poursuivre en dommages-intérêts.

On appelle *innominate term* (un terme innommé) un terme qui, a priori, n'est ni une condition ni une warranty. Cela couvre le cas où si la partie lésée est privée de « *l'ensemble du bénéfice du contrat* », elle bénéficiera du droit de «repudiate» c'est-à-dire de mettre fin au contrat, même si le terme pourrait sembler n'être qu'une simple *warranty*[49].

47   Poussard v Spiers (1876)
48   Bettini v Gye (1876)
49   Hong Kong Fir Shipping Co v Kawasaki Kisen Kaisha [1962]

Ces termes peuvent être express (exprès, explicites) ou *implied* (implicites). Les termes exprès sont les termes que les parties elles-mêmes indiquent explicitement dans le contrat. Certains termes, qui ne sont pas expressément indiqués, peuvent être implicites et sont néanmoins considérés comme faisant partie de l'accord contractuel.

Les termes peuvent être implicites du fait (1) de la loi, par exemple les produits vendus doivent être de qualité satisfaisante et adaptés à l'usage pour lequel ils sont vendus[50] ou qu'ils correspondent à leur description[51] ou que le travail dans le cadre du contrat soit effectué avec soin et compétence[52] et dans un délai raisonnable[53] (2) des coutumes ou d'un usage commercial[54] (3) ou des tribunaux.

---

50   s 9 and 10, Consumer Rights Act 2015
51   s 11, Consumer Rights Act 2015
52   s 49, Consumer Rights Act 2015
53   s 52, Consumer Rights Act 2015
54   *Hutton v Warren* (1836)

Les tribunaux regarderont à l'usage commercial ou aux coutumes lorsque le contrat n'offre pas d'informations sur la question, et sous réserve que les termes soient incompatibles avec les dispositions expresses du contrat.

Hutton v Warren (1836)

M. Hutton, le locataire d'une ferme, qui a vécu à Wroot dans le Lincolnshire, a affirmé qu'il était coutumier dans le pays que le propriétaire donne une allocation raisonnable pour les semences et le travail de la terre pour s'assurer que les terres soient arables, et qu'il laisserait du fumier au cas où le propriétaire désirait en acheter. Le tribunal a estimé que, compte tenu du fait que le contrat de location restait muet sur ce point, il était en droit de s'appuyer sur les us et les coutumes locales lors de l'interprétation du bail et il a constaté que le locataire de la ferme avait droit à une indemnité raisonnable pour les semences et le travail de la terre qu'il avait effectué pour les cultures non récoltées lors de l'abandon de son bail.

Les tribunaux imposeront des conditions qui sont évidentes et nécessaires afin de donner au contrat une efficacité commerciale (mais pas dans les cas où il serait simplement souhaitable de le faire) ; de sorte que si, au moment de la conclusion du contrat, *an Officious Bystander* (un spectateur zélé) suggérait certaines dispositions expresses à figurer dans le contrat, les parties auraient avec agacement réprimé ses suggestions en lui disant « Oh, bien entendu »[55].

---

55   Shirlaw v Southern Foundries [1940]

The Moorcock (1889)

Les propriétaires du navire appelé « *The Moorcock* » ont conclu un contrat pour un emplacement à quai afin de décharger la cargaison du navire. Alors que le navire était amarré, la marée a baissé au point que le navire s'échoua, causant ainsi des dommages à la coque du navire. Les propriétaires ont fait valoir que les propriétaires du quai étaient responsables de s'assurer que son navire était en sécurité, une fois amarré. Pour leur défense, les propriétaires du quai ont déclaré qu'il n'y avait pas de dispositions dans le contrat pour assurer la sécurité du navire. La Cour d'Appel a décidé que même en l'absence d'une clause expresse, une obligation exigeant que la jetée soit un endroit sûr pour ancrer pouvait être implicite afin que le contrat puisse avoir une efficacité commerciale.

CHAPITRE 12

CLAUSES D'EXCLUSION
(*EXCLUSION CLAUSES*)

Une clause exclusive de responsabilité ou de réparation est une clause contractuelle qui tente d'exclure ou de limiter la responsabilité d'une partie en cas de violation de l'accord.

Pour déterminer si une clause d'exclusion est en vigueur, le tribunal se demandera : une clause d'exclusion a-t-elle été intégrée au contrat ? La clause d'exclusion couvre-t-elle efficacement la violation ? Est-elle raisonnable ? Ensuite le tribunal prendra en considération les contraintes imposées par la loi, d'abord, par l'*Unfair Contract Terms Act 1977* et, plus récemment, par la *Consumer Rights Act 2015*.

Une clause ou une stipulation contractuelle (appelée term) peut être intégrée à un contrat par divers moyens. Elle peut être intégrée la signature d'un document contractuel, par la remise d'un avis, par l'incorporation par référence d'un document externe ou bien par le jeu de relations d'affaires suivies.

De toute évidence, si une personne signe un contrat, elle montre clairement son acceptation de ses termes. En effet, si une personne signe un document contractuel, elle est alors liée par ses termes, même si elle ne les a pas lus[56].

---

56 *L'Estrange v Graucob (1934)*

L'Estrange v Graucob (1934)

Mlle Harriet L'Estrange était propriétaire d'un café à Llandudno. Elle a commandé un distributeur de paquets de cigarettes auprès de deux vendeurs ambulants de F Graucob Ltd. Le distributeur tombait constamment en panne. Elle a intenté une action à l'encontre des fabricants, Graucob, en disant qu'ils étaient en violation d'une obligation découlant nécessairement du contrat (*implied term*) qui stipulait que le distributeur serait raisonnablement adapté à son usage prévu. Graucob contestait l'existence de cette obligation déduite du contrat (*implied term*), et soutenait que le contrat qu'elle avait signé contenait une clause en petits caractères indiquant que «*toute condition ou garantie explicite, implicite, légale ou autre, non précisée dans ce document est par la présente déclaration exclue.* » La Cour d'Appel décida que la signature du contrat par Mlle L'Estrange l'empêchait de se prévaloir qu'elle n'avait pas lu le contrat et qu'elle n'était pas au courant de la clause d'exclusion. En l'absence de fraude ou de fausse déclaration, la signature engage la partie et il importe peu qu'elle ait lu le contrat ou non. Avec la *clause d'exclusion*, le terme ne peut être implicite et, de ce fait, F Graucob Ltd n'était pas en rupture de contrat en dépit du fait que le distributeur qu'il avait fourni était défectueux.

Des termes contractuels peuvent également être intégrés s'ils sont affichés sur un avis ou une pancarte pour les parties contractantes. Pour l'intégration de termes dans un avis, la clause d'exclusion doit être introduite avant ou au moment de la conclusion du contrat.

Olley v Marlborough Court Hotel (1949)

Mme Olley effectuait un long séjour au *Marlborough Court Hotel*. Alors que Mme Olley était sorti pour la soirée, un voleur s'est introduit dans l'hôtel. Voyant que le réceptionniste était occupé à dépoussiérer un buste du duc de Marlborough en plâtre, le voleur prit une clé de la réception et l'utilisa pour pénétrer dans la chambre de Mme Olley, et lui voler son manteau de fourrure. Mme Olley intenta une action à l'encontre de l'hôtel. L'hôtel tenta d'exclure sa responsabilité en raison du fait qu'un avis affiché sur la porte des toilettes dans la chambre de Mme Olley mentionnait que « *les propriétaires ne seraient pas tenus responsables en cas de biens perdus ou volés, à moins qu'ils n'aient été remis à la directrice pour être mis en lieu sûr* ». La Cour d'Appel décida que l'hôtel ne pouvait pas s'appuyer sur cette clause d'exclusion affichée dans la chambre, le contrat avait déjà été formé à la réception lorsque Mme Olley était arrivée la première fois. Comme à l'époque elle avait conclu le contrat, Mme Olley n'avait pas encore reçu les clés de sa chambre, elle ne pouvait pas connaitre cette clause, ce qui aurait été nécessaire pour pouvoir l'incorporer au contra.

Non seulement la clause doit être introduite avant ou au moment de la conclusion du contrat, mais le tribunal exige également qu'un délai raisonnable soit fourni pour la clause d'exclusion afin que la partie liée par la clause d'exclusion soit suffisamment au courant de la clause au moment de la conclusion du contrat.

Thornton v Shoe Lane Parking Ltd (1971)

M. Francis Thornton, «*un trompettiste indépendant extrêmement talentueux* », a conduit son véhicule jusqu'à l'entrée du parking à plusieurs étages de *Shoe Lane*, avant d'assister à un spectacle au *Hall Farringdon*. Il a prit un ticket de la machine et a gara sa voiture. Sur le ticket il était indiqué, « *ce ticket est émis sous réserve des conditions d'émission telles qu'affichées dans les locaux* ». En effet, sur les piliers du parking près du bureau du caissier, il y avait une liste de conditions, l'une d'entre elles était une exclusion de responsabilité en cas de « *blessure subie par le Client… quelle que soit la cause de cette perte, erreur de livraison, dommages ou blessure* ». En retournant à son véhicule, il a été gravement blessé par un autre véhicule et a porté plainte pour dommages-intérêts. *Shoe Lane Parking* s'est appuyé sur la clause d'exclusion de responsabilité. La Cour d'appel a estimé que plus la clause d'exclusion était contraignante, plus l'avis devait être fourni de manière appropriée. De plus, le contrat était déjà conclu lorsque le ticket est sorti de la machine, et de ce fait, toute condition figurant sur le ticket ne pouvait pas être incluse dans le contrat.

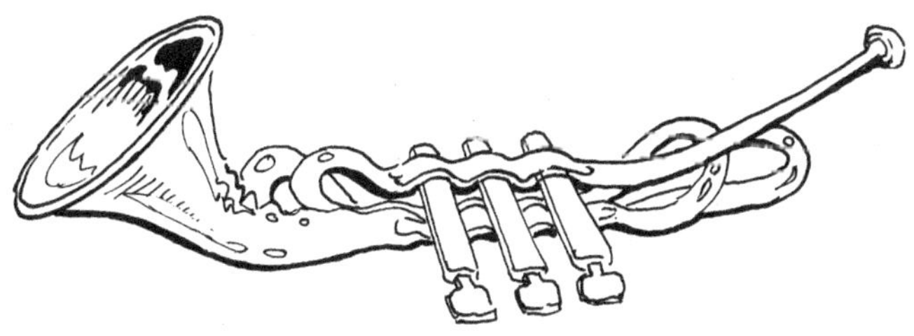

Lorsque les parties ont eu par le passé des relations commerciales sur la base d'une clause d'exclusion, cette clause peut être incluse dans des contrats par la suite, mais il faut démontrer que la partie concernée avait effectivement eu connaissance de la clause d'exclusion[57].

---

57   Spurling v Bradshaw (1956)

Si la clause d'exclusion a été intégrée au contrat, il est alors nécessaire de démontrer que la clause d'exclusion couvre la violation qui a été commise. En vertu de la règle de l'interprétation *contra proferentum*, en cas d'ambiguïté quant à la signification de certains mots, le tribunal interprétera ces mots en défaveur de la partie qui s'appuyait sur la clause d'exclusion afin d'échapper à ses responsabilités[58]. Ainsi, pour exclure ses responsabilités en cas de négligence, la personne qui rédige la clause doit indiquer les cas d'exclusion expressément[59].

Dans les contrats de consommation, les clauses et les avis abusives ne sont pas contraignantes pour le consommateur (à moins que le consommateur décide de se fier à elles) ; les clauses et les avis sont injustes, contraires aux exigences de bonne foi, la clause d'exclusion provoque un déséquilibre significatif entre les droits et les obligations des parties au détriment du consommateur[60]. La *Consumer Rights Act 2015* concerne les contrats conclus entre un commerçant et un consommateur, un consommateur étant une personne physique qui agit exclusivement ou principalement à des fins personnelles, c'est-à-dire extérieures à son commerce, son métier ou sa profession[61]. Un commerçant ne peut pas exclure sa responsabilité en cas de décès ou de dommages corporels causés par négligence[62].

---

58   Houghton v Trafalgar Insurance (1953)
59   Hollier v Rambler Motors Ltd (1972)
60   Section 62 Consumer Rights Act 2015
61   Section 2(3) Consumer Rights Act 2015
62   Section 65 Consumer Rights Act 2015

En ce qui concerne les choses effectuées dans le cadre d'une transaction, lorsqu'une personne applique les conditions commerciales[63] ou les conditions relatives à la vente ou à la location-vente de marchandises écrites et standard d'une autre personne[64], une partie ne peut exclure ou limiter sa responsabilité, à moins que la partie qui s'appuie sur la clause peut démontrer que la clause répond aux exigences du caractère raisonnable[65]. Une partie ne peut pas exclure sa responsabilité en cas de décès ou de dommages corporels causés par négligence[66].

---

63   Section 3 Unfair Contract Terms Act 1977

64   Sections 6 and 7 Unfair Contract Terms Act 1977

65   Section 11 and Schedule 2, Unfair Contract Terms Act 1977

66   S 2, Unfair Contract Terms Act 1977

Chapitre 13
Les fausses déclarations
(*Misrepresentations*)

Si une partie a été incitée à conclure un contrat suite à une *misrepresentation* (une fausse declaration) faite par l'autre partie, elle peut résilier le contrat.

A Misrepresentation (une fausse déclaration) est une déclaration concernant un fait important, communiquée à l'autre partie avant la conclusion du contrat et qui, fausse ou trompeuse, a incité l'autre partie à conclure le contrat. Fournir une fausse opinion n'équivaut pas faire une *misrepresentation*. Les publicités trompeuses, les déclarations quant à un futur comportement ou de futures intentions et les déclarations au sujet de la loi ne sont pas davantage constitutives de *misepresentation*.

Un silence ne sera normalement pas considéré comme *misrepresentation*, mais certaines exceptions peuvent survenir en cas de demi-vérité[67] ou s'il y a eu un changement de circonstances ou lorsqu'une autre obligation de divulgation existe, par exemple en raison de l'existence d'une relation fiduciaire ou avec des contrats *uberrimae fidei* (de la bonne foi la plus totale) - tels que les polices d'assurance.

---

67   Nottingham Patent Brick & Tile Co v Butler (1886)

With v O'Flanagan [1936]

Le Dr. O'Flanagan a indiqué à M. With en janvier 1934 en toute sincérité que son cabinet médical lui rapportait 2000 £ par an. Cependant, en mai 1934, ces recettes ont diminué à 5 livres par semaine parce que le Dr. O'Flanagan était tombé malade. Le contrat avait été signé avec M. With pour l'achat du cabinet médical, mais M. O'Flanagan n'a pas divulgué le changement de circonstances. La Cour d'appel a estimé que M. With pouvait annuler le contrat, soit parce qu'il y avait un devoir de souligner le changement de circonstances ou parce que la déclaration a continué jusqu'au moment où le contrat a été signé ; une *« déclaration faite dans le but d'inciter l'autre à conclure un contrat doit être traitée comme une déclaration continue. »*

Une fausse déclaration peut être formulée par écrit, à l'oral ou être reflétée par un comportement.

Spice Girls v Aprilia World (2000)

Aprilia, qui fabrique des cyclomoteurs, a accepté de parrainer les Spice Girls au cours de leur tournée et après avoir rencontré les cinq membres du groupe lors de la séance photo promotionnelle. Ginger Spice devait quitter le groupe plus tard dans le mois. La Cour d'appel décida que l'apparence des cinq membres des Spice Girls dans la publicité correspondait à une déclaration reflétée par le comportement des cinq membres du groupe qui laissaient supposer qu'elles participeraient toutes à la tournée, et que cela avait incité Aprilia à conclure le contrat.

Une *misrepresentation* peut être innocente, frauduleuse ou due à de la négligence.

Une *misrepresentation* frauduleuse («*deceit*») survient lorsqu'une fausse déclaration est faite sciemment ou en sachant qu'elle est fausse ou en se désintéressant totalement de savoir si la déclaration est vraie ou pas[68]. Lorsqu'une partie a été incitée à conclure un contrat suite à de fausses déclarations frauduleuses, elle peut résilier le contrat et réclamer des dommages-intérêts.

Derry v Peek (1889)

M. Derry était directeur de *Plymouth, Devonport & District Tramway*. Cette compagnie pouvait faire circuler des tramways tirés par des chevaux ou, avec le consentement de la Chambre de commerce, en utilisant un moteur vapeur. Pensant que ce consentement serait une simple formalité, Tramway avait publié un prospectus déclarant que des moteurs à vapeur seraient utilisés. Cependant, la Chambre de commerce refusa de donner son consentement ; Sir Henry Peek, représentant les nouveaux actionnaires mécontents, a lancé une action au motif que

---

68   Derry v Peak (1889)

le prospectus contenait une fausse déclaration frauduleuse. La Chambre des Lords décida que pour qu'il y ait tromperie ou fraude, il fallait pouvoir démontrer que le défendeur (i) savait que la déclaration était fausse, ou (ii) qu'il n'était aucunement convaincu que la déclaration soit vraie, ou (iii) qu'il était indifférent à savoir si la déclaration était vraie ou non'. Le tribunal en conclut qu'il n'y avait pas de fausse déclaration frauduleuse, parce qu'on ne pouvait pas démontrer que Derry croyait que le déclaration était fausse.

La *misrepresentation* effectuée par négligence survient en vertu de la *Common Law* si le défendeur fait négligemment une fausse déclaration au demandeur et qu'il est raisonnable de supposer que la déclaration sera invoquée et qu'il existe une relation particulière entre les parties. Une relation particulière surviendra si l'auteur de la déclaration a des connaissances ou des compétences particulières par rapport à l'objet du contrat et peut raisonnablement prévoir que l'autre partie s'appuiera sur cette déclaration[69].

Hedley Byrne v Heller (1963)

Hedley Byrne, une agence de publicité, demanda à *Heller & Partners* Ltd., une banque, une référence concernant l'un de leurs clients, *Easlpower Ltd*. La Banque répon-

---

69   Esso Petroleum v Mardon (1976)

dit que Easipower Ltd. pouvait être « *considérée comme bonne entreprise dans le cadre de ses activités commerciales ordinaires* » alors qu'en fait, ce n'était pas le cas. Easipower Ltd. fut mise en liquidation en devant 17 000 £ à *Hedley Byrne*. La Chambre des Lords décida que la référence était une fausse déclaration faite par négligence par la Banque.

Une action pour *misrepresentation* faite par négligence peut également être intentée en vertu de la *Misrepresentation Act 1967*. Lorsqu'une personne a conclu un contrat après qu'une personne a fait une fausse déclaration lui ayant causé un préjudice, l'auteur de la fausse déclaration sera responsable, à moins qu'il ne prouve que l'autre partie avait tous les motifs raisonnables de croire et qu'elle a cru jusqu'à la conclusion du contrat que les faits déclarés étaient vrais. Lorsqu'une partie a été incitée à conclure un contrat suite à de fausses déclarations faites par négligence, elle peut résilier le contrat et réclamer des dommages-intérêts raisonnables.

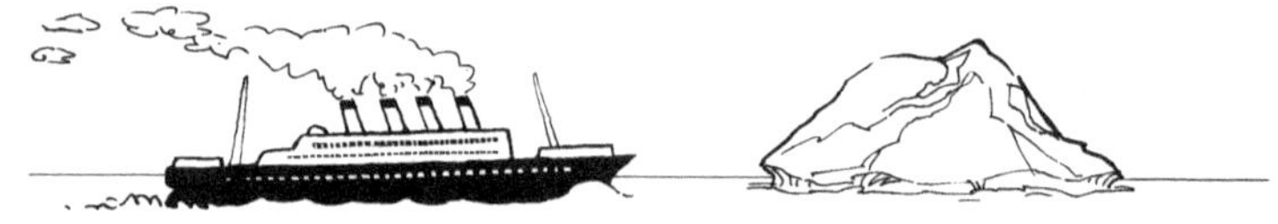

Une fausse déclaration faite de bonne foi survient lorsque l'auteur de la déclaration estime que les faits qu'il a déclarés sont vrais et qu'il a des motifs raisonnables pour faire cette déclaration. Lorsqu'une partie a été incitée à conclure un contrat suite à de fausses déclarations faites de bonne foi, elle peut résilier le contrat ou réclamer des dommages-intérêts[70].

---

70   S2(2) Misrepresentation Act 1967

CHAPITRE 14

L'ERREUR (MISTAKE)

En règle générale, les parties à un contrat ne pourront pas révoquer leur contrat simplement parce qu'elles ont fait une erreur ou une mauvaise affaire.

Il existe trois exceptions à cette règle. C'est le cas lorsqu'il y a eu une *Common Mistake*, une *Mutual Mistake* ou une *Unilateral Mistake*.

Une *Common Mistake* survient lorsque les deux parties à un accord partagent *la même erreur fondamentale* en ce qui concerne les circonstances entourant la transaction. Cela comprend par exemple en cas de *res sua* lorsqu'à l'insu des deux parties, l'objet du contrat est déjà la propriété de l'acheteur ou *en cas de res extincta* lorsqu'à l'insu des deux parties, l'objet du contrat n'existe plus.

A *Common Mistake* survient lorsque les parties pensent qu'elles sont d'accord mais *qu'elles croient à des versions fondamentalement différentes des conditions du contrat ou de l'objet* du contrat, mais qu'elles ne s'en rendent pas compte.

Raffles v Wichelhaus (1864)

Le requérant a conclu un contrat pour vendre « *125 balles de coton Surat* » qui « *arriveront sur le navire Peerless en provenance de Bombay* ». Il se trouve qu'il y avait deux navires nommés « *Peerless* » arrivant à Liverpool en provenance de Bombay, l'un partant en octobre et un autre en décembre. Le Défendeur pensait que le contrat concernait le coton sur le navire arrivant en octobre tandis que le Demandeur pensait que le contrat concernait le coton sur le navire arrivant en décembre. Lorsque le *Peerless* attendu en décembre est arrivé, le Demandeur a tenté de le livrer, mais le Défendeur a révoqué l'accord en disant que leur contrat concernait le coton sur le *Peerless* attendu en octobre. Le tribunal n'a pas pu déterminer lequel des deux navires nommés *Peerless* était visé au contrat, et du fait que les deux parties n'étaient pas d'accord sur les mêmes choses, aucun contrat contraignant ne liait les parties.

Il y a *Unilateral Mistake* survient lorsqu'*une seule des parties à l'accord se trompe* sur un aspect fondamental du contrat, et que l'autre partie est au courant de ce fait.

Cundy v Lindsay (1878)

Un escroc nommé Blenkarn a commandé des mouchoirs de lin à *Lindsay & Co*. Sa commande a été passée d'une chambre louée située au 37, Wood Street, elle a été signée en faisant croire qu'il s'agissait de Blenkiron & Co, une entreprise de renom connue de Lindsay, qui était domiciliée au 123, Wood Street. Les marchandises ont été envoyées à Blenkarn, qui les a vendues à Cundy. Lindsay a poursuivi Cundy pour détournement de biens, la Chambre des Lords a estimé que Lindsay & Co avait pour seule intention de négocier avec *Blenkiron & Co*. Comme aucun contrat n'avait été formé avec Blenkarn à cause de l'erreur unilatérale, il n'a pas reçu de titre pour les marchandises, et donc ne pouvait pas transférer les titres à Cundy.

Phillips v Brooks (1919)

Un escroc nommé M. North a sélectionné un certain nombre d'articles dans la joaillerie du demandeur et a proposé de payer le montant de 3 000 GBP par un chèque qui était sans provision. Après avoir été avisé que les marchandises devraient être conservées jusqu'à ce que le chèque ait été honoré, il déclara au bijoutier qu'il était Sir George Bullough de St James's Square. Sur vérification dans l'annuaire qu'une telle personne était bien domiciliée à cette adresse, le bijoutier lui permit d'emporter une bague précieuse qu'il tenait à emporter, « *pour l'anniversaire de sa femme demain* ». L'escroc a ensuite plaça ensuite la bague chez *Brooks Ltd, un prêteur sur gage*, pour 350 £.

Phillips poursuivit alors *Brooks Ltd* en le délit civil de «*conversion*» (détournement de biens) en restitution de la bague. Le tribunal décida que le contrat entre Phillips et l'escroc n'était pas *void for mistake*. Il n'y avait pas eu d'erreur sur l'identité, mais uniquement sur la solvabilité de l'acheteur. Le contrat était *voidable for misrepresentation*, mais l'escroc avait transmis le titre avant que Phillips ait pris des mesures pour révoquer le contrat.

Le tribunal permettra la *rectification* (correction) d'un contrat si, en raison notamment d'une erreur typographique, il ne représente pas fidèlement les intentions des parties. La rectification est un remedy permettant d'éviter que l'une des parties ne profite de l'erreur.

Le tribunal, en vertu du principe de *non est factum* peut annuler un contrat lorsqu'une personne, sans négligence, signe un document dans le cadre d'un malentendu quant à la vraie nature ou au contenu du document en question. Si le document est fondamentalement différent de ce que les parties pensaient signer, elles peuvent l'annuler.

Saunders v Anglia Building Society (1970)

Mme Gallie, une veuve de 78 ans, a signé un document sans le lire alors que ses lunettes étaient cassées. L'associé de son neveu, M. Lee lui a déclaré que les documents étaient une simple formalité pour confirmer le don de sa maison à son neveu ; mais en fait, les documents étaient un acte de donation à M. Lee. Plus tard, M. Lee a hypothéqué la propriété à Anglia Building Society qui, du fait que M. Lee n'avait pas honoré ces créances, cherchait à reprendre la maison. Mme Gallie a tenté de révoquer l'acte de donation sur la base de *non est factum*. La Chambre des Lords a statué en faveur d'Anglia au motif que, bien que Mme Gallie n'ait pas fait preuve de négligence, le document, étant un acte de donation, n'était pas fondamentalement différent de celui qu'elle aurait dû signer.

Lloyd's Bank Plc v Waterhouse (1990)

M. Waterhouse, qui était analphabète, souhaitait fournir une garantie dans le cadre de l'achat d'une ferme par son fils. En fait, le document qu'il a signé était une garantie pour tous les passifs de son fils. La Cour d'appel a estimé que le père ne pouvait s'appuyer sur le principe du *non est factum*. Il n'avait pas fait preuve de négligence et avait en effet demandé au directeur de banque quelle était la limite de sa responsabilité et le document était fondamentalement différent de ce qu'il s'attendait à signer.

Chapitre 15
L'illégalité (*Illegality*)

Un contrat peut être entaché au motif de son illégalité. Les tribunaux anglais ne feront pas appliquer des contrats illégaux en vertu de l'adage *ex turpi causa non oritur action* (d'un méfait, aucune action ne peut survenir).

Dans *Patel v Mirza*, la Cour suprême a indiqué qu'il existait deux raisons pour lesquelles la doctrine de l'illégalité de la *Common law* s'appliquait. En premier lieu, une personne ne devrait pas être autorisée à profiter de ses méfaits. En second lieu, la loi devrait être cohérente, ne pas aller à l'encontre du but recherché, et ne pas fermer les yeux sur l'illégalité. Pour déterminer si un contrat est entaché par l'illégalité, le tribunal doit apprécier la gravité du comportement et sa centralité par rapport au contrat ; il doit déterminer si le comportement était intentionnel ou s'il existait une disparité au niveau de la culpabilité respective des parties, et quelle serait la gravité d'une sanction interdisant l'application du contrat pour la partie qui réclame son application[71].

Le tribunal a le pouvoir de *sever (retirer)* les clauses annulées, les supprimer du contrat et de permettre aux autres clauses de rester applicables, ce que l'on appelle en droit civil « le réputé non écrit ».

Les clauses annulées en vertu de la Common Law comprennent celles qui rejettent la compétence du tribunal. Alors

---

71   *Patel v Mirza* [2016] UKSC 42

qu'en vertu de la loi, de tels contrats prévoyant une restriction des activités des tribunaux sont nuls en première analyse, ils peuvent cependant être valides s'il est démontré que la personne imposant les restrictions a un intérêt légitime à se protéger, si la restriction est raisonnable entre les parties et si la restriction n'est pas contraire à l'intérêt public.

Patel v Mirza (2016)

M. Patel a versé 620 000 £ à M. Mirza dans le cadre d'un accord en vertu duquel M. Mirza aurait parié sur le prix de certaines actions, sur la base d'informations privilégiées. Utiliser des informations privilégiées pour profiter de la vente de certaines actions constituait une infraction en vertu de section *52 Criminal Justice Act 1983*. On parlerait en droit français de délit d'initié. Dans ce cas particulier, le plan n'a pas eu l'effet escompté car les informations privilégiées étaient erronées. Par la suite, M. Patel a lancé une action sur la base du contrat et de l'enrichissement sans cause de M. Mirza auquel il réclamait le remboursement des 620 000 £. M. Mirza a déclaré qu'une telle obligation ne pouvait être appliquée, car le contrat dans son intégralité était illégal, ou du fait que toute autre réclamation serait réfutée sur le principe de l'*ex turpi causa non oritur actio*. La Cour suprême a estimé que M. Patel pouvait recouvrer son argent parce que cette décision aurait pour effet de renvoyer les parties à leurs positions avant la conclusion du contrat illégal, ainsi que d'empêcher M. Mirza de s'enrichir de manière injuste. Le tribunal a établi un équilibre entre le principe qu'une personne ne devrait pas être autorisée à profiter de ses méfaits et que la loi devrait être cohérente pour ne pas aller à l'encontre du but recherché. Il a pris en considération la nécessité de déterminer si l'intérêt public serait lésé par l'application de l'accord illégal, en tenant compte de l'objet de l'interdiction transgressée. Il a également recherché si l'intérêt public serait renforcé par le rejet de la réclamation et quel serait l'impact de ce rejet sur les autres intérêts publics. Il a enfin recherché si le rejet de la réclamation serait une réponse proportionnée à l'illégalité, en gardant en tête que la répression est une question relevant de la compétence des juridictions pénales.

CHAPITRE 16

LA CONTRAINTE (*DURESS*)

Il y a *Duress* (la contrainte) survient lorsqu'une partie forme un accord en menaçant illégitimement l'autre partie. La menace peut être adressée à l'autre partie, sa famille, ses employés[72] ou à ses biens[73].

De même, la loi reconnaît la contrainte économique pour le bien-être financier d'une personne.

---

72   Royal Boskalis v Mountain [1999]
73   Skeate v Beale (1840)

Universe Tankships Inc de Monrovia v International Transport Workers [1983]

Un syndicat de marins, *The International Transport Workers' Federation* avait placé sur sa liste noire l'armateur *Universe Tankship*, ce qui conduisit à l'immobilisation des navires lors d'un mouvement social. Pour obtenir la libération de ses navires, *Universe Tankships* Inc accepta de verser 6 480 $ sur un fonds d'ITWF. La Chambre des Lords a estimé que la contrainte économique pouvait être établie en l'absence de toute autre alternative pratique, l'obligeant à se soumettre au contrat.

Pao On v Lau Yiu [1979]

Long Lau Yiu Long et son jeune frère Benjamin souhaitaient échanger des actions avec Pao On et sa famille. Pao a exigé qu'au lieu de l'échange, Lau l'indemniserait si le prix de l'action chutait en-dessous de 2,50 $, et il l'a menacé en lui indiquant à moins d'obtenir ce « contrat de garantie », il ne remplirait pas le contrat principal. Désireux d'éviter toute mauvaise publicité, Lau a signé le contrat. Lorsque Pao a essayé de faire respecter le contrat de garantie, Lau a fait valoir que la garantie avait été obtenue par la contrainte. Le Conseil privé a estimé que c'était uniquement une pression commerciale ordinaire. Les facteurs qui ont été déterminants pour établir une distinction entre une pression commerciale ordinaire et une contrainte économique était de savoir si la victime avait protesté à l'époque, si elle avait tenté d'éviter la transaction après la conclusion du contrat, si elle avait accès à des conseils juridiques indépendants et si elle aurait pu agir autrement à l'époque.

La menace doit être illégale. Les menaces illégales comprennent la menace de commettre une infraction, un délit, une rupture de contrat. Un exposé des faits ou une menace de litige peut paraître comme une menace, mais ce n'est pas illégal (bien qu'une menace de poursuite pénale puisse l'être).

La *Duress* (la contrainte) rend le contrat révocable sur demande de la partie innocente. Il est contractuellement impossible d'exclure un défi sur la base de *duress*[74].

---

74   Borelli v Ting [2010]

CHAPITRE 17

LA PRESSION EXCESSIVE
(*UNDUE INFLUENCE*)

Une situation de *Undue influence* (la pression excessive) survient lorsqu'une partie utilise une relation d'influence sur l'autre ou une vulnérabilité de l'autre pour obtenir un avantage illicite[75]. L'*Undue influence* n'a qu'une parenté lointaine avec la notion civiliste de violence morale, car la violence morale est un vice du consentement alors que *l'Undue influence* remet plus radicalement en cause l'existence même du consentement.

Williams v Bayley (1866)

Le fils de M. Bayley a imité la signature de son père sur des billets à ordre et les a remis à M. Williams. M. Williams a menacé M. Bayley d'entamer des poursuites pénales à l'encontre de son fils s'il ne lui accordait pas un prêt immobilier pour garantir les billets à ordre. La Chambre des Lords a ordonné que le prêt immobilier soit annulé en raison de la pression excessive subie par le père qui avait été influencé par la menace.

L'undue influence (la pression excessive) peut être présumée lorsqu'une «*relation spéciale*» de confiance est établie entre les

---

75   CIBC Mortgages v Pitt (1994)

parties, comme entre un parent et un enfant alors qu'il était encore mineur, un tuteur et un pupille, un conseiller religieux et un disciple, un médecin et un patient et entre un avocat et son client. Cette présomption ne s'applique pas entre des conjoints[76].

Même lorsque la présomption n'intervient pas, une partie peut faire valoir la pression excessive si elle peut prouver qu'elle se trouve dans une relation de confiance dans laquelle elle est soumise à l'autre partie. La transaction elle-même peut exiger

76   Royal Bank of Scotland v Etridge (No 2) [2001]

une explication si elle ne rentre pas raisonnablement dans le cadre de la charité, des relations amicales ou d'autres motifs ordinaires sur lesquels des personnes ordinaires agissent[77].

Les contrats avec les tiers peuvent être affectés par la pression excessive lorsque les tiers ont pris connaissance de la situation. Cela peut survenir lorsque la transaction a priori lèse financièrement l'une des parties et qu'il existe un risque important que la transaction ait été obtenue sous une pression excessive.

Royal Bank of Scotland v Etridge (No 2) [2001]

Mme Etridge avait hypothéqué son bien immobilier au profit d'une banque, créancier hypothécaire, pour obtenir un prêt dont les deniers ont été utilisés par son mari pour son activité. L'activité de son mari a été un échec et l'épouse a déclaré qu'elle avait subi une pression excessive pour signer le contrat de garantie. La Chambre des Lords a estimé qu'une banque (ou son avocat) est censée connaître la loi (bénéfice d'une connaissance présumée), qu'il pouvait y avoir un risque de pression excessive ou de fausse déclaration, dans le cadre d'une transaction où la maison constituait une garantie, mais où l'emprunt bénéficiait uniquement à l'une des personnes et pas à l'autre. La banque aurait pu éviter cette situation si elle s'était assurée que la partie non bénéficiaire avait reçu des conseils juridiques indépendants d'un avocat.

---

77   Royal Bank of Scotland v Etridge (No 2) [2001]

Chapitre 18
L'extinction des engagements contractuels (*discharge*)

Un contrat est éteint (*discharged*) lorsqu'est caractérisée l'une des quatre causes d'extinction suivantes: l'exécution (*performance*), l'accord des parties, la violation du contrat ou l'impossibilité d'exécution (*frustration*).

Concernant l'extinction du contrat suite à son exécution, elle nécessite une exécution complète et exacte de toutes les obligations énoncées dans le contrat.

> **Re Moore & Co and Landauer & Co's arbitration (1921)**
> Un contrat pour la vente de 3 100 boîtes de pêches indiquait que les boîtes étaient emballées par caisses de 30 boîtes. Quand les caisses sont arrivées, certaines contenaient 24 boîtes, bien que le nombre total de boîtes ait été fourni comme convenu. La Cour d'appel a estimé que l'acheteur était en droit de refuser la marchandise, car elle ne correspondait pas à la description figurant dans le contrat.

Il existe un certain nombre d'exceptions qui atténuent la sévérité potentielle de cette règle.

Lorsqu'un acheteur agit comme un consommateur et que la violation est si légère qu'il serait déraisonnable de refuser la marchandise, la violation est considérée comme une violation de la garantie et l'acheteur ne sera pas en droit de refuser la marchandise[78]. De plus l'exécution intégrale n'est pas nécessaire pour pouvoir révoquer le contrat lorsque les obligations sont séparables (par exemple si le paiement est dû de temps à autre en contrepartie de l'exécution du contrat[79]), lorsque le contrat peut être rempli par l'exécution substantielle du contrat (auquel cas, le coût des obligations non effectuées peut être déduit[80]), lorsque l'exécution a été empêché par l'autre partie[81], lorsque l'autre partie a accepté une exécution partielle ou (si la collaboration de l'autre partie est nécessaire pour exécuter le contrat d'exécution, et que son offre d'exécuter les obligations contractuelles est rejetée).

Concernant l'extinction du contrat par accord des parties, il faut distinguer deux situations. Lorsque les obligations contractuelles n'ont pas encore été exécutées, l'échange mutuel de promesses de libérer l'autre partie de toute obligation future sera suffisant. Lorsque le contrat est partiellement ou entièrement exécuté, l'autre partie doit fournir son consentement afin de libérer l'autre partie de l'exécution de leur partie du contrat : c'est ce qu'on appelle « *accord and satisfaction* ».

Une rupture de contrat peut survenir de trois manières : lorsqu'une partie omet d'effectuer ses obligations contractuelles ; lorsqu'une partie exécute ses obligations d'une manière inadaptée ; et, lorsqu'une partie, avant de devoir exécuter ses obligations, indique qu'elle ne souhaite pas les exécuter.

---

78   Ss 15A and 30(2A), Sale of Goods Act 1979

79   Roberts v Havelock (1832)

80   H Dakin & Co v Lee (1916), Bolton v Mahdeva (1972)

81   Planche v Coburn (1831)

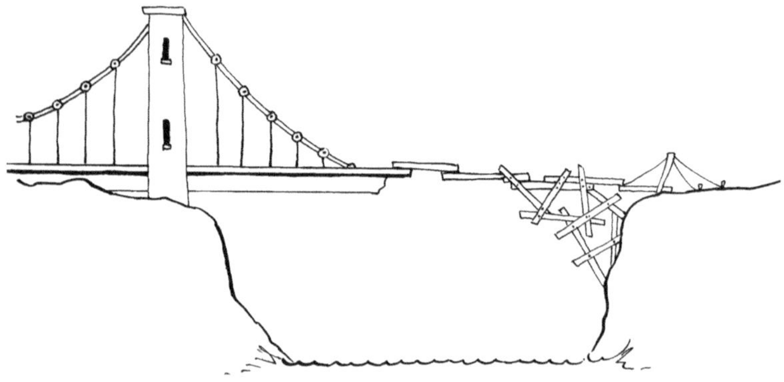

Tout manquement permettra à la partie lésée de pouvoir intenter une action en *dommages-intérêts. Cependant, lorsqu'il y a eu une violation fondamentale (une* violation grave d'une condition) et qu'une telle violation permet à la partie lésée de considérer que l'accord a été révoqué, la partie lésée peut choisir soit de refuser d'exécuter sa partie du contrat, ou de poursuivre le contrat. La violation peut être réelle ou anticipée. Une violation anticipée survient lorsqu'une partie, avant la date à laquelle elle doit exécuter ses obligations, démontre une intention de ne pas s'acquitter de ses obligations contractuelles. Une violation anticipée peut être explicite ou implicite. La partie créancière peut intenter une action en dommages-intérêts immédiatement ou attendre que le moment actuel où les obligations doivent être exécutées avant de prendre des mesures.

L'exécution tardive des obligations ne sera pas une raison suffisante pour résilier le contrat, sauf s'il est stipulé que le facteur temps est essentiel ou s'il devient essentiel.

Concernant l'extinction du contrat par frustration, elle vise les cas où l'exécution du contrat devient impossible. Des exemples d'événements entraînant *frustration* du contrat comprennent les situations suivantes : l'objet du contrat a été détruit ; le gouvernement intervient ; une source d'illégalité survient ; l'exécution du contrat est empêchée ; un événement particulier, qui est la seule raison pour laquelle le contrat ne peut être mis en œuvre, survient ; l'objectif commercial du contrat échoue ; dans le cas d'un contrat de service personnel, la partie décède ou bien devient inapte à fournir le service personnel.

On ne peut invoquer *frustration* cependant lorsque les parties ont expressément prévu dans le contrat pour l'événement qui est survenu (par exemple avec une clause de cas de force majeure), l'événement frustrant est auto-induit, il est encore possible d'exécuter le contrat d'une autre manière ou le contrat est simplement devenu plus coûteux à exécuter.

Krell v Henry [1903]

M. Paul Krell a accepté de louer à CS Henry un appartement au troisième étage au 56A Pall Mall pour qu'il puisse regarder la procession du couronnement d'Édouard VII prévue les 26 et 27 juin 1902. Henry a accepté de verser 75 £ pour les deux jours et a payé une caution de 25 £. La procession n'a pas eu lieu durant les jours initialement prévus, au motif que le roi souffrait d'une appendicite. Henry a refusé de payer le solde de 50 £. Krell a poursuivi Henry, et en retour a présenté une demande reconventionnelle pour le remboursement de la caution versée. La Cour d'appel a estimé que le contrat n'avait pas été exécuté et Henry n'était alors pas tenu de payer la chambre.

En vertu de la *Common law*, l'effet de *frustration* entrainait l'annulation du contrat à la date de l'événement entraînant *frustration* du contrat.

La *Law Reform (Frustrated Contracts) Act 1943* visait à traiter les difficultés potentielles entraînées par ce type de situations. La loi dispose qu'en cas d'inexécution du contrat, l'argent versé est remboursable et l'argent dû cesse d'être dû. Les parties peuvent être autorisées, à la discrétion du tribunal, à retenir les frais engagés sur l'argent perçu, ou à recouvrer le montant des dépenses encourues par toutes sommes reçues avant la date à laquelle l'événement entraînant l'inexécution du contrat est survenu. Lorsqu'une partie a acquis un avantage non négligeable dans le cadre du contrat, elle pourra, à la discrétion du tribunal, être tenue de payer une somme raisonnable à cet égard.

CHAPITRE 19

LA RÉPARATION DU PRÉJUDICE SUBI PAR LE CRÉANCIER (*REMEDIES*)

Les dommages-intérêts pour rupture de contrat permettent de placer les parties dans la position qui aurait été la leur si le contrat avait été exécuté.

Pour être réparable, le préjudice doit avoir été causé par la rupture du contrat et ne pas être trop éloigné de cela ; les dommages-intérêts seront uniquement attribués pour les préjudices qui découlent naturellement de la violation du contrat ou que les deux parties pouvaient raisonnablement prévoir, lorsque le contrat a été conclu, comme un résultat probable de la violation du contrat[82]. Alors que la nature du préjudice doit être prévisible, l'ampleur du préjudice n'ayant pas besoin de l'être[83].

Hadley v Baxendale (1854)

M. Hadley était meunier et négociant en farine, en partenariat au sein de *Steam-Mills* à Gloucester. Le vilebrequin du moteur à vapeur dans son moulin se brisa et M. Hadley chargea *W. Joyce & Co.* de Greenwich de refaire la pièce. Afin de s'assurer qu'ils avaient un modèle pour fabriquer le nouveau vilebrequin, *W. Joyce & Co.* devaient voir le vilebrequin cassé. M. Hadley mandata Pickford & Co, une

---

82   Hadley v Baxendale (1854), The Heron II (1969)

83   The Achilleas, Transfield Shipping v Mercator Shipping [2008]

entreprise de transports dirigée par M. Baxendale pour livrer le vilebrequin à W Joyce & Co. En raison du retard de livraison du vilebrequin de Mr Baxendale, M. Hadley intenta une action pour perte de profits. Le tribunal rejeta la demande de Hadley pour perte de profits, estimant que Baxendale ne pouvait être tenu responsable pour les pertes qui étaient généralement « *prévisibles dans le cours ordinaire des choses* », ou si M. Hadley avait prévenu M. Baxendale qu'il perdrait de son activité si la livraison n'était pas effectuée rapidement. Le simple fait qu'une partie envoyait une pièce à réparer n'indiquait pas que la partie perdrait des revenus si la pièce n'était pas livrée à temps.

La partie lésée a le devoir de prendre des mesures raisonnables pour atténuer les pertes qu'elle subit en raison de la violation ; lorsque les pertes auraient pu raisonnablement être évitées, elles ne seront pas remboursées[84].

En attribuant des dommages-intérêts, le tribunal tente de placer les parties dans la position qui aurait été la leur si le contrat avait été exécuté. Ils peuvent correspondre à la valeur

---

84 Pilkington v Wood (1953)

de la marchandise achetée ou à la valeur sur le marché si celle-ci est plus élevée que celle prévue par le contrat. En cas de produits ou de services défectueux, cela peut représenter le montant des coûts engendrés pour remédier à la situation ou bien la différence entre la valeur des produits ou des services reçus et ceux qui ont été payés.

Ruxley Electronics v Forsyth (1996)

Ruxley a accepté de construire une piscine dans le jardin de Forsyth. Le contrat précisait que la piscine aurait une zone dédiée pour la plongée d'environ 228 cm de profondeur. Une fois construite, la zone de plongée ne faisait que 182cm de profondeur. C'était néanmoins une profondeur adaptée en termes de sécurité pour la plongée et cela n'affectait pas la valeur de la piscine. Forsyth n'était toutefois pas satisfait, et il a intenté une action pour rupture de contrat en réclamant le coût de la démolition et de la reconstruction de la piscine (le coût du remède), soit un montant de 21 540 £. La Chambre des Lords a estimé que Forsyth avait uniquement droit à 2 500 £ pour la perte d'agrément, indiquant que la loi devait répondre à ces situations où la valeur de la promesse faite au stipulant dépasse le renforcement de sa position financière qui aurait été la sienne en cas d'exécution optimale du contrat. Le tribunal doit examiner le préjudice véritablement souffert.

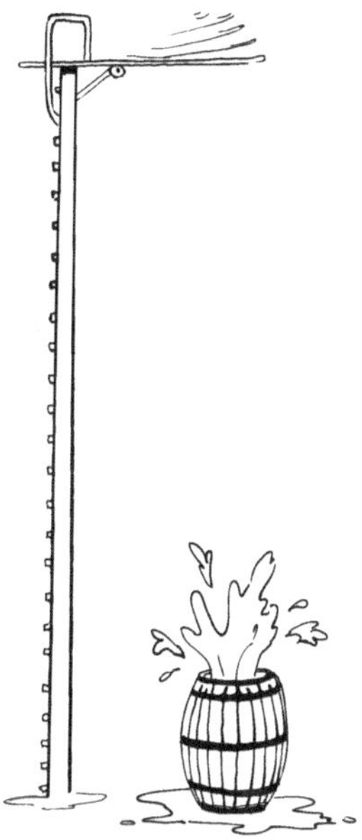

Lorsque cela est impossible de déterminer le montant qui permettrait de placer les parties dans la position qui aurait été la leur si le contrat avait été exécuté, le tribunal devra alors accorder une somme reflétant le préjudice causé par son recours au contrat et tenter à placer le demandeur dans la situation qui aurait été la sienne si le contrat n'avait jamais été formé.

Anglia Television v Reed (1972)

Anglia a demandé à Robert Reed (l'acteur qui incarne le père, Mike Brady, dans «The Brady Bunch») de jouer dans leur téléfilm, *The Man in the Wood*, qui raconte l'histoire d'un américain marié à une anglaise qui a une aventure dans un bois en Angleterre. Malheureusement, M. Reed s'est retiré du projet juste avant que le tournage ne débute, car il devait jouer dans une pièce de théâtre aux

États-Unis. Anglia a annulé le film. Anglia n'a pas réclamé de dommages-intérêts pour perte de profits, car ceux-ci étaient trop incertains, mais à la place à réclamé les dépenses engagées pour rien. La Cour d'appel a estimé que les dépenses engagées pouvaient être réclamées, tant que les parties auraient pu les envisager.

En cas d'abus de confiance, le tribunal a demandé que les bénéfices soient restitués:

Procureur général v Blake (2000)

M. George Blake était membre des services secrets (MI6): compte tenu de sa mission, il avait juré de toujours garder ses activités secrètes et *tombait sous l'empire de la Official Secrets Act 1911*. Par la suite, il est devenu un agent double soviétique et après que son rôle fut découvert, il a été incarcéré à la prison de Wormwood Scubs. Il s'évada et s'enfuit en Union soviétique. Il a écrit une autobiographie intitulée « *No Other Choice* ». Alors que le contenu du livre n'était plus un secret, le gouvernement britannique lui a intenté une action pour l'argent qu'il devait percevoir de ses éditeurs, Jonathan Cape Ltd. La Chambre des Lords a estimé que dans des cas exceptionnels, lorsque le recours normal est insuffisant pour compenser la rupture d'un contrat, le tribunal peut ordonner au défendeur de rendre compte des bénéfices obtenus. Ceci était justement un cas exceptionnel.

Exceptionnellement, le Tribunal peut également accorder des dommages-intérêts pour préjudice moral, détresse mentale et perte d'agrément lorsque l'objet du contrat plutôt que d'être purement commercial était de procurer du plaisir.

Jarvis v Swan Tours (1973)

M. Jarvis était avocat travaillant pour le conseil régional de Barking. Après avoir pris connaissance d'une brochure de vacances de Swan Tours, il a réservé des vacances à Morialp en Suisse. La brochure lui promettait un paradis de soleil, de neige et de glace, avec une grande variété de pistes de ski, une patinoire et une piste de luge exaltante. La brochure lui promettait également, à son arrivée à l'hôtel, un accueil chaleureux de Herr Weibel, « le charmant propriétaire qui parle anglais » La brochure vantait un bar-taverne, le Alphütte «ouvert plusieurs soirs par semaine » et lui promettait « un super séjour, lorsque vous réservez ces vacances pour faire la fête » ainsi qu' «

une fête de bienvenue à son arrivée. Thé l'après-midi et des gâteaux pendant 7 jours et une soirée yodeller ». En option, on lui proposait la location du matériel de ski ainsi que des leçons. M. Jarvis a réservé 15 jours et a pris le forfait ski. La réalité sur place était quelque peu différente. À la « house party », il n'y avait que 13 personnes la première semaine et personne la deuxième semaine. M. Weibel ne parlait pas anglais. Donc, lors de la deuxième semaine du séjour de M. Jarvis, il n'y avait aucune fête à l'hôtel, et personne ne pouvait parler anglais, hormis lui-même. Il était très déçu, pour ce qui est du ski également. Les pistes étaient à une certaine distance et il n'y avait que des mini-skis et les bottes lui faisaient mal aux pieds. Il n'a pas eu de gâteaux suisses, juste quelques chips et des gâteaux secs aux noix. Le « yodeller » se résumait à un homme de la région qui venait dans ses vêtements de travail et chantait quatre ou cinq chansons rapidement. Le « Bar Alphütte » était vide et n'a ouvert qu'un seul soir. M. Jarvis a intenté une action pour rupture de contrat. La Cour d'appel a estimé que M. Jarvis pouvait obtenir des dommages-intérêts pour le montant de ses vacances, mais également des dommages-intérêts pour « la déception, la détresse, la colère et la frustration causées par la rupture du contrat. »

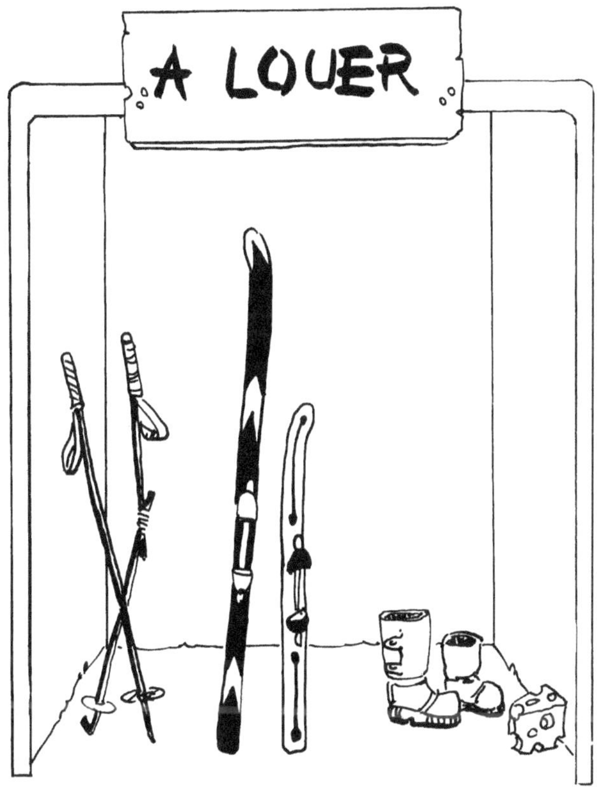

Les parties à un contrat peuvent prendre des dispositions pour le montant des dommages-intérêts qui devront être versés en cas de rupture du contrat. Le tribunal toutefois n'appliquera pas des termes qui correspondraient à une pénalité ; ainsi, une clause sera une pénalité si elle impose au fautif une pénalité totalement disproportionnée par rapport à l'intérêt légitime de la partie lésée dans le cadre de l'exécution de l'obligation primaire plutôt que de se contenter de punir le fautif[85].

---

85   Cavendish Square Holding BV v Makdessi [2015]

Au moyen d'une ordonnance de *specific performance* (littéralement « d'exécution particulière », c'est-à-dire d'exécution en nature), une partie qui ne respecte pas ses obligations peut être ordonnée de remplir sa partie du contrat. Contrairement à l'attribution de dommages-intérêts, une ordonnance de *specific performance* ne découle pas automatiquement d'une rupture de contrat.

Une ordonnance de *specific performance* sera uniquement accordée lorsque, en vertu de la *Common Law*, les réparations dans le cadre des dommages-intérêts sont insuffisantes. C'est le cas notamment lorsque les produits vendus sont uniques[86] ou ont été spécifiquement identifiés[87] ou lorsque les réparations dans le cadre des dommages-intérêts seraient insuffisantes[88]. La *Specific performance* ne sera pas accordée si le tribunal ne peut superviser son application.

En outre, la *specific performance* est un recours équitable que le tribunal accorde à sa discrétion. Ainsi, le demandeur doit être disposé à remplir sa part du contrat et l'exécution des obligations du défendeur soit toujours être possible et de ne provoquer aucune contrainte excessive[89]. Comme ceci est un recours équitable, le demandeur « *must come to equity with clean hands* » (doit de son coté jouer franc jeu); le tribunal peut refuser *specific performance* s'il estime que le demandeur a agi de manière inappropriée[90] ou s'il a indûment retardé sa demande de recours[91].

---

86   Philips v Lamdin (1949)
87   Section 52(1) Sale of Goods Act 1979
88   Beswick v Beswick (1968)
89   Patel v Ali (1984)
90   Walters v Morgan (1861)
91   Milward v Earl of Thanet (1801)

Un autre recours équitable du tribunal est d'accorder une injonction ordonnant à une personne de ne pas rompre son contrat. Une violation peut être considérée comme un outrage au tribunal et punie d'une amende ou d'une peine d'emprisonnement.

Chapitre 20
Épilogue

Contrairement aux pays où la loi trouve son siège principal dans un code et où la jurisprudence n'est pas publiée, le droit anglais repose sur certains *Statutes*, sur la jurisprudence et même sur les coutumes.

Le droit anglais a pu bénéficier de divers points de vue depuis de nombreux siècles, mais il a également évolué pour répondre aux besoins d'un monde en mutation. Cela a permis à la loi anglaise de recevoir la patine du temps et de la véritable expérience des hommes.

Ainsi, nous avons jugé raisonnablement selon les normes du *reasonable man on the Clapham Omnibus*.

Et ainsi, dans *Donoghue v Stevenson*, Mme Donoghue a poursuivi Stevenson pour le choc nerveux qu'elle avait subi à la découverte d'un escargot sa bouteille de tonic au gingembre alors qu'elle avait un rendez-vous romantique dans un café de Paisley et c'est ainsi que fut créé le *tort of negligence* (le délit de négligence),et plus tard, dans l'Union européenne, la responsabilité du fait des produits défectueux.

Pourtant, malgré toutes ses curiosités, le droit anglais reste celui qui est le plus souvent choisi dans la plupart des contrats internationaux et l'essentiel de l'activité de la High Court du Royaume-Uni, est ainsi de trancher des affaires provenant du monde entier.

Glossaire
Certains termes courants du contrat et leur rôle

Ce qui dit le terme	Ce qu'il fait ....
Subject to contract	Cela indique au lecteur que le document est un projet non exécutoire et non pas le contrat final entre les parties.
WHEREAS the Seller and the Buyer are desirous of agreeing terms for the conduct of their business;	«Un préambule » : Cela ne fait pas partie du contrat mais fournit un contexte pour aider le lecteur à interpréter le contrat.
Aucune modification du présent Accord ne sera applicable à moins d'avoir été établie par écrit et signée par les Parties ou leurs représentants autorisés).	L'Accord peut uniquement être modifié par les parties qui ont consigné la modification par écrit ; cela garantit que les variations sont consignées correctement.
If any term of this Agreement is, in whole or in part, held to be illegal or unenforceable to any extent under any enactment or rule of law, that term or part shall to that extent be deemed not to form part of this Agreement and the enforceability of the remainder of this Agreement shall not be affected.	La « clause dite du crayon bleu » : le contrat n'est pas invalidé en raison de l'illégalité d'une clause ; au contraire, la clause illégale est considérée comme étant supprimée du contrat.

This agreement is governed by and shall be construed in accordance with the laws of England.	**Un clause de choix de loi ou d'electio juris: <u>notez</u> que le choix du droit qui s'applique ici au contrat ici, est le droit de l'Angleterre plutôt que le droit, disons, du Royaume-Uni. Ceci est important car le droit anglais est très différent du droit écossais.**
The parties to this agreement submit to the exclusive jurisdiction of the English Courts.	**Une clause d'élection de for : les parties ont convenu de soumettre tout litige aux tribunaux anglais.**
Save as expressly provided for in this agreement, this agreement does not and is not intended to afford any third party the right to enforce its terms whether under the Contracts (Rights of Third Parties) Act 1999 or otherwise.	**Seules les parties au contrat peuvent profiter des avantages de celui-ci.**
This agreement embodies the entire understanding and agreement between the parties and neither party is relying on any representations, promises, terms, conditions or obligations oral or written express or implied other than those contained in this agreement.	**La clause de l'accord intégral. Cela signifie que tous les termes et toutes les déclarations entre les parties sont consignés dans le contrat.**
This agreement may be executed in any number of counterparts, each of which when executed and delivered shall constitute a duplicate original, but all the counterparts shall together constitute the one agreement.	**Les parties n'ont pas besoin de toutes signer le même document ; elles peuvent signer des copies du contrat. Cela permet aux parties de signer l'accord même si elles ne se trouvent pas au même endroit.**

The Contractor warrants, represents and undertakes that it has obtained all necessary and required licences, consents and permits to perform the Services.	**C'est une garantie. Ici, l'entrepreneur garantit à l'autre partie qu'il peut entreprendre les services légalement.**
The Seller undertakes to indemnify and keep indemnified the Buyer against any and all losses and liabilities up to the amount of £1,000,000 (one million pounds) calculated on a pound for pound basis (including damages, claims, demands, proceedings and penalties) which may be suffered or incurred by it by reason of any defect in or challenge to the Seller's title in the Product.	**Une clause d'indemnisation ; ici, le vendeur s'engage à indemniser l'Acheteur pour tous les préjudices que l'Acheteur pourrait subir si la propriété du vendeur en ce qui concerne les marchandises vendues était contestée.**
Neither Party shall have any liability under or be deemed to be in breach of this Agreement for any delays or failures in performance of this Agreement that result from circumstances beyond the reasonable control of that Party. The Party affected by such circumstances shall promptly notify the other Party in writing when such circumstances cause a delay or failure in performance and when they cease to do so. If such circumstances exist for a continuous period of more than 6 months, either Party may terminate this Agreement by written notice to the other Party.	**Une clause de force majeure : plutôt que le contrat ne soit pas exécuté, les parties peuvent repousser l'exécution de celui-ci si des facteurs externes les empêchent de remplir leurs obligations.**

Neither Party shall be liable to the other Party in contract, tort, negligence, breach of statutory duty or otherwise for any loss, damage, costs or expenses of any nature whatsoever incurred or suffered by that other Party of an indirect or consequential nature including without limitation any economic loss or other loss of turnover, profits, business or goodwill. Nothing in this Agreement excludes liability for fraud or in negligence for damages for causing personal injury or death.	**Une clause d'exclusion.**
Any dispute, controversy, or claim arising out of or in connection with this contract, or the breach, termination or validity thereof, shall be submitted to the [Chartered Institute of Arbitrators (CIArb)] and settled by final and binding arbitration in accordance with the [CIArb Arbitration Rules]. Judgment on any award issued under this provision may be entered by any court of competent jurisdiction.	**Une clause d'arbitrage : Les parties choisissent de soumettre leur litige à l'arbitrage.**